小大人的
公民素養課

文 周維毅、蔡禎恩

圖 Asta Wu

審訂｜張振榮 雲林縣立斗南高中歷史科教師（審訂範圍：第一章）

作者的話

暢遊民主世界的通行證──每個人都不能錯過的公民素養課

可以投票就是民主嗎？有言論自由就可以暢所欲言嗎？臺灣的性別和種族已經夠平等了嗎？被譽為亞洲的民主燈塔，運行民主制度約三十年的臺灣，我們還需要哪些公民素養？帶著對臺灣社會的深度觀察，我們寫下這本書，想和親愛的公民對話，希望父母陪著「小公民」共同探索民主社會下的重要價值：平等、自由、民主與法治，一起來上一堂公民素養課！

搭上時光機，我們回到古希臘城邦找尋民主的起源，接著前往西方近代議會民主制度的發跡地英國，順延歷史脈絡而走，還能看見各國人民為自由反抗強權壓迫，為女性、種族爭取平權的過程。不只有西方的經驗，本書將帶你認識發生在臺灣的故事、比較臺灣與各國的公民數據，你會發現我們現今所擁抱的自由民主社會，一切有跡可循，原來如此得來不易！

全球化下的公民價值多元，本書選定平等、自由、民主與法治，主要與現今臺灣社會所需要的公民素養密切相關。我們的社會雖重視平權，但是原住民族、移工、性少數同為臺灣社會的一分子，卻常遭遇偏見與歧視；我們的社會鼓吹自由，但有些人卻不了解自由的價值與界限，造成他人的傷害；我們的社會崇尚民主，以為「可以投票就是民主」，忘了學習如何做出更好的決定，並且運用投票以外的政治參與形式表達聲音；我們的社會不夠信任司法，卻認為有了法律便能夠伸張正義，忘了法律也有雙手投降的時刻。

在觀點分歧、立場不一的多元社會中，我們在生活中所做的每個選擇，皆含有公民素養的價值判斷，重要且不容漠視的問題是：這些選擇集結起來將帶領臺灣前往何方？因此，不要輕忽自己的任何選擇，我們的每一次發言、每一次消費、每一次投票、每一次行動，都在影響著當下與未來的公民社會。

那麼，到底該怎麼做才能具備公民素養呢？如果此時你心中有所疑惑的話，不妨就打開書本，一同來找答案吧！

周維毅　蔡禎恩

臺北市立內湖高中　　　雲林縣立斗南高中
公民與社會科教師　　　公民與社會科教師

目錄

PART 3
Issues

PART 4
Think, Action & Future ●

值日教師
● 蔡禎恩　　● 周維毅

PART 1

Past

希臘城邦中
公民權力的演變

如果可以搭上時光機，穿越時空尋找歐洲民主政治
的起源，那麼這架時光機會開往哪裡呢？應該會降落在
建立於西元前 9 世紀的古希臘城邦「雅典」，一個被世人稱
為歐洲文明搖籃的地方。

當時希臘並不是單一國家，而是一群受山脈區隔、數以千計的小聚落，居民為了彼此的安全
和利益相互合作，逐漸形成以城市作為中心的城邦，並控制著周邊土地，民主政治的原型
即在此萌生。由於希臘各城邦非常重視公民是否充分參與公共事務，所以現代英文中政治
「politics」一詞，便是由古希臘文城邦「polis」衍生而來。城邦的土地面積不大、
人口數不多，各個城邦擁有自己的政府、軍隊和政治制度，獨立自治。城邦的
興起，象徵古希臘文明政治活動蓬勃發展的開始。

雅典位於巴爾幹半島南端，環山傍海，屬於夏乾冬雨的地中海型氣候，儘管大
多時候是風和日麗的好天氣，卻也常因春夏生長季缺水而不利農耕。在地理
環境上則多山、多丘陵卻少平原，耕地有限，雖然適合種植橄欖、葡萄，
可惜都是經濟作物，不像米飯能填飽肚子，因此存有糧食作物生產不足
的隱憂。所幸海岸線曲折、港灣眾多，為雅典人增添海外
貿易的機會，能以經濟作物換取其他地區的糧食作物。
經貿交流於無形中奠立了雅典人的商業文明與法治精
神——強調契約訂定的合法性與信用，也開始有了
守護私有財產的觀念。

依據希臘三哲之一亞里斯多德（Aristotle，西元前384年－前322年）的分析，雅典的政治體制歷經了四個階段：

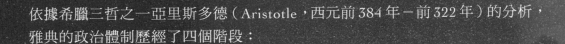

西元前 9 世紀	西元前 8 世紀	西元前 7～6 世紀	西元前 6～5 世紀
君主制	貴族制	僭主制	民主制
君主專制	貴族掌權	非法取得權力的獨裁貴族	公民掌權

由此可見，雅典建邦之初是有國王的，後來貴族掌控了權力，造成當時的土地兼併極為盛行，農民因此常積欠貴族債務，當無法償還時只好以土地抵押，甚而賣身為奴，同時失去自由和土地。貴族與農民之間，由於日漸擴大的貧富差距、各種剝削條款，農民們長期累積的不滿，終於在西元前632年達到了極限，爆發了流血革命。兩敗俱傷後，雙方的矛盾仍然存在，直到政治家梭倫（Solon，約西元前638年－前559年）的出現，才使雅典出現了改變。

西元前594年，梭倫出任雅典城邦的首席執政官。由於過去雅典公民原本依貴族或平民的不同身分，來決定所處的社會階級與享有的政治權力，梭倫則改為以財富多寡劃分。這種作法雖不算真正的公平，但相較於過去，人民的社會階級與政治權力只能取決於先天血統，新作法至少給人民後天努力的機會，可藉此改變身分地位。然而，梭倫的改革雖然為民主帶來曙光，可惜僅是曇花一現，其後雅典進入僭主政治。

好不容易撐過了一段混亂期，被譽為雅典民主之父的克里斯提尼（Cleisthenes，約西元前570年－前508年）聯合平民推翻獨裁貴族統治，結束僭主政治。西元前509年，克里斯提尼接受雅典人的推舉，當選為首席執政官，打造並確立雅典民主政治的運作機制。克里斯提尼的改革內容包含：

◆ 保障每位公民不分出身及財富，都享有參與城邦事務的權利，用抽籤而非選舉的方式（因為選舉存在太多不確定因素，例如接受賄賂），由公民中抽出500位人選組成會議，任期兩年，負責制定法案，送交公民大會審查。

◆ 為防止野心家／權勢者對民主制度造成威脅，實施「陶片放逐制」（Ostracism）。公民可以在公民大會時，祕密將覺得應被放逐者的名字刻在陶片上，一旦此人的票數達到規定門檻，就會被流放、離開雅典十年。

而後的另一位政治家伯里克里斯（Pericles，約西元前495年－前429年）更是將雅典的民主政治發展推向高峰，他讓貴族會議失去權力，並由公民大會成為最高權力機構。所有官員皆由公民中抽籤選出（除了部分需要專業能力的職務，如軍事將領或外交官，會由公民大會選出適合人選負責），只要是公民，人人有機會參與行政工作。他的時代被稱為「伯里克里斯時代」，是雅典最輝煌的時期，誕生了蘇格拉底（Socrates，西元前470年－前399年）、柏拉圖（Plato，西元前429年－前347年）等思想家。

雅典的歷史學家修昔底德（Thucydides，約西元前 460 年－前 400 年）曾記下伯里克里斯在一場紀念殉職士兵葬禮上發表的演說稿《國殤演說辭》（Funeral Oration），裡頭揭示了他對於理想民主的期待：

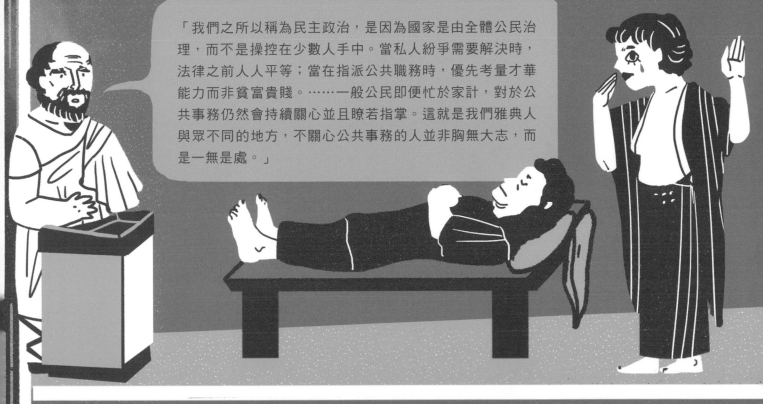

「我們之所以稱為民主政治，是因為國家是由全體公民治理，而不是操控在少數人手中。當私人紛爭需要解決時，法律之前人人平等；當在指派公共職務時，優先考量才華能力而非貧富貴賤。……一般公民即便忙於家計，對於公共事務仍然會持續關心並且瞭若指掌。這就是我們雅典人與眾不同的地方，不關心公共事務的人並非胸無大志，而是一無是處。」

「白痴」一詞常用來譏諷缺少智慧的人，而它的英文「idiot」，在古希臘是用來泛指那些「不關心政治」的人。如果身處伯里克里斯時代，以上帝視角凝視雅典城邦居民的日常，你會發現城邦裡有三個主要機構：公民大會（Ecclesia）、五百人會議（Boule）、民眾法庭（Dikasteria）。成年的雅典男性雖有自己的工作，但仍必須抽出時間承擔起身為「公民」的責任，積極參與公共事務，像是討論：要不要開戰、糧食如何分配、法律財政的訂定以及審判某人有沒有犯罪，應給予什麼樣的懲罰等。咦？怎麼放眼過去都是叔叔、伯伯、爺爺們在交流討論政治、軍事、外交等議題呢？這是因為女性、未成年的青少年與兒童、奴隸、外國（邦）人或父母親有一人是外國（邦）人者，都不被認定是「公民」，沒有資格承擔起治國的重責大任。

讀到這裡，有沒有發現雅典的民主制度和我們現在的民主制度相比，哪裡不一樣？

為什麼雅典可以實施直接民主，由全體公民投票決定大大小小的公共事務？

受限於地理環境，雅典的城邦特色是小國寡民，加上古希臘時期的公共事務與現今相比較為簡易，所以能實施直接民主。

今日的民主國家若想要像雅典一樣落實直接民主可以嗎？

難度相當高。現今民主國家的國土面積與人口數都遠遠超過希臘城邦，而且像是能源議題等複雜的公共事務，倘若不是專家，實在難以輕易理解並做出決定。

希臘三哲——蘇格拉底、柏拉圖、亞里斯多德，生在奉行民主制度的雅典，卻都是民主制度的批判者，為什麼呢？雅典的民主制度有什麼問題？

雅典的民主並非全體國民人人平等，國民中的女性、未成年男性、奴隸都被排除在外。

雅典的直接民主制度可能會發生因公民素養不足，未經過理性判斷，就盲從跟隨，或者僅依據個人好惡而做出決定的情況。像是某次在公民大會上有場陶片放逐投票，有一位目不識丁的公民要求政治家阿里斯提德（Aristides，西元前 530 年－前 468 年）幫他在陶片上寫下阿里斯提德。阿里斯提德照辦了，但是當他問這位公民為什麼要放逐阿里斯提德時，那人回答：「沒有為什麼，我根本不認識阿里斯提德，但是大家都稱呼他為『公正之士』，我覺得很煩」。

法治原則是雅典民主的核心價
值，雅典人相信以法律治理城邦，
才有民主可言，但是當年的審判方式和
現在不太一樣，也存有一些制度上的缺失。
由公民抽籤組成的陪審團成員，並不一定有足夠
的法律素養，可以審視原告與被告雙方陳述內容的
真假，也不重視證據，在聽過原告與被告說法後就驟然
判斷，並以「多數決」判定被告是否犯罪及處罰方式；在
一審結案後也沒有上訴的機會。最著名的審判故事就與蘇
格拉底有關，當時蘇格拉底得罪了雅典的知名人物，因而被以
「對神明不敬、腐蝕年輕人思想」的罪名送上法庭。他接受陪
審團的審判後，被判有罪、處以死刑。行刑當天有宗教慶典，原
有機會逃跑的蘇格拉底覺得自己必須遵守城邦的法律，最後飲毒
而死，雅典也因此失去了一位偉大的哲學家。

 在雅典的民主機制中有許多重要的決策組織，像是「五百人會議」、
「民眾法庭」以及大多數的政府職務，都是由抽籤方式選出，被抽中
的人選不一定適任，卻掌握了相當的權力。

雅典原先是由貴族握有政治權力，經過許多努力才走向直接民主。這段艱辛的
過程導致人民難以信任政治菁英，擔心菁英掌權後會濫用權力、欺壓人民。有
人認為雅典的民主有缺陷，是因為人民的無知、偏見可能造成「暴民政治」，
但不可否認的是也有不少值得現代人學習與借鏡之處。

階級戰爭 英國王權弱化與國會民主制度的由來

英國是西方近代國會民主制度的發軔國。提起英國，很多人都會聯想到在位達 70 年的女王伊莉莎白二世（Elizabeth Ⅱ，1926—2022）。身分尊貴的女王，在英國人心中的地位不可撼動，不過你知道女王其實沒有實權嗎？國家的實際掌權者為什麼是首相？首相又是如何產生的呢？一起搭上時光機，回到舊時代的英國一探究竟。

英國國會的起源，最早可追溯至由歐洲大陸入侵不列顛群島東南部的日耳曼部族——盎格魯 - 撒克遜（Anglo-Saxon）人統治時期。盎格魯 - 撒克遜人於 6 世紀時在當地建立了「賢人會議」（Witenagemot），這是一種由國王主持召開，會期不定、人數不等的高層會議，與會者主要有貴族、高級教士、地方行政及司法長官等，他們作為國王的幕僚，負責提供政策或法律上的建議。

6世紀

西元 1066 年，法國諾曼地公爵威廉一世（William Ⅰ，1028 － 1087）征服英格蘭，將賢人會議改制為「大議會」（Great Council），邀請貴族及高級教士出席，一年開會三次，有修訂法律、政策裁決等權力，是國王重要的諮詢機構。

到了西元 1199 年，約翰王（John，1166－1216）登基成為英格蘭國王，一上任就得忙著處理兄長獅心王理查一世（Richard I，1157－1199）遺留下的財政與外交問題。貴族們對於約翰王為了爭戰，三番兩次的徵兵徵稅已到了忍無可忍的地步，決定聯手反抗，加上法蘭西國王腓力二世（Philip II，1165－1223）在一旁加油添醋，對貴族分化離間，約翰王的處境可說是內憂外患夾攻。雪上加霜的是，約翰王為了坎特伯里大主教（Archbishop of Canterbury）的任命問題，和教皇英諾森三世（Innocent III，1161—1216）鬧翻起衝突，也為此付出慘烈代價，除了被教皇趕出教會外，教皇還免除了人民對於約翰王的服從義務，導致約翰王的統治權變得岌岌可危。

最後在 1215 年，約翰王在貴族的武力脅迫下，簽署了限制王權的《大憲章》（The Great Charter），這是英國歷史上第一次公開奠定國王不能凌駕於法律之上的原則，其中重要內容包含了：

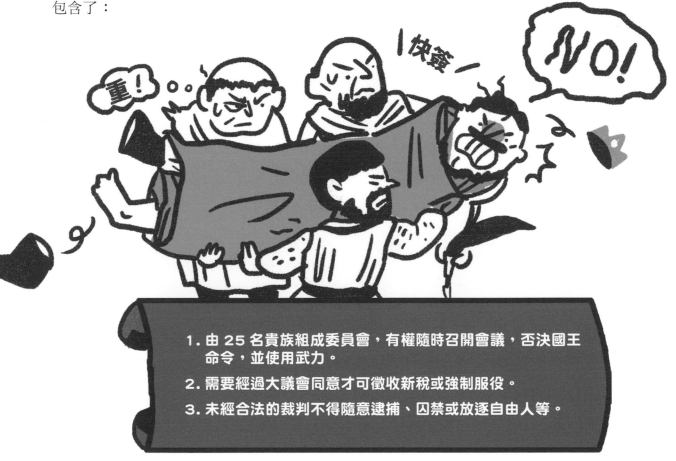

1. 由 25 名貴族組成委員會，有權隨時召開會議，否決國王命令，並使用武力。
2. 需要經過大議會同意才可徵收新稅或強制服役。
3. 未經合法的裁判不得隨意逮捕、囚禁或放逐自由人等。

雖然約翰王日後翻臉不認，但在那「君權不容挑戰，唯君命是從」的年代，主張限制王權的《大憲章》可說是相當突出的變革。

西元 1265 年，也就是約翰王簽署《大憲章》五十年後，第六代萊斯特伯爵西蒙·德·孟福爾（Simon de Montfort, 6th Earl of Leicester，1208 － 1265）召集貴族、騎士、民選的城市代表共同組成議會，史稱「孟福爾議會」（Montfort Parliament），藉以反抗英王亨利三世（Henry III，1207 － 1272）的獨斷統治。

到了 1295 年，英王愛德華一世（Edward I，1239 － 1307）仿效孟福爾議會的形式召開議會，成員包含高級貴族、高級教士、每一郡推選的兩位騎士與每一市鎮推選的兩位市民代表，也就是說中產階級成為議會的當然成員，成為現今「國民議會」的原型。由於之後的議會常以此作為範本召開，因此此次議會被稱作是「模範議會」（Model Parliament）。爾後英格蘭國會逐漸形成現今的兩院制，由騎士與城市代表組成下議院，神職人員與貴族組成上議院，西蒙·德·孟福爾則被推認為是下議院的創始人。

1688

　　16 世紀以後，歐洲歷經風起雲湧的「宗教改革」，形成「天主教」（即原本的基督教會，屬舊教）與「基督教」（即各種新創立的教會統稱，屬新教）兩大信仰系統。其中英格蘭成立了自主的國家教會，稱「英格蘭國教派」，屬於新教。但日後因國內複雜的政治變動，英格蘭的信仰系統並不穩定。到了西元 1685 年詹姆士二世（James II，1633 － 1701）即位後，公然提倡天主教與試圖推展專制王權。在三年後的 1688 年，國會決定迎接詹姆士二世的女兒——信奉新教的瑪麗及其夫婿荷蘭王儲威廉回國繼位，詹姆士二世被迫逃亡國外。由於整個過程並未發生流血衝突，史稱「光榮革命」（Glorious Revolution）。西元 1689 年，國會通過《權利法案》（Bill of Rights），其中包括英王必須信仰英格蘭國教；未經國會同意，國王不得創制或廢止任何法律、不得建立常備軍、不得徵收任何稅捐；國會應定期召開，且國會議員選舉必須自由，議員享有自由辯論的權利等重要內容。瑪麗二世（Mary II，1662 － 1694）和威廉三世（William III，1650 － 1702）同意並簽署，此後王室僅具象徵性權力，英格蘭的專制王權就此結束，而由國會超越王權掌握全國最高權力，確立了國會統治原則與君主立憲制度。英格蘭自此走向議會的民主政治，除了兩黨制在之前詹姆士二世的即位紛爭時先已出現，至 18 世紀時還發展出內閣制。掌握實權的內閣首相，則是由下議院中佔多數席位的政黨領袖擔任。

在英國憲政史上，13 世紀出現的《大憲章》，即已隱含了自由權、財產權、有限王權的思想；到了 17 世紀，英國哲學家洛克（John Locke，1632 － 1704）更將這些思想的精神發揚光大。在「光榮革命」發生之後，洛克發表文章駁斥君權神授的主張，認為每個人與生俱來都擁有自然權利（生命權、自由權、財產權），政府存在的目的便是為了保障人民的自然權利，一旦政府濫用權力做出傷害人民權利的事情，人民有權力重新建立一個新政府。

之後，18 世紀法國啟蒙運動時期的法學家和哲學家孟德斯鳩（Montesquieu，1689 － 1755）受到洛克影響，提出若要確保政府能夠遵守法律、不任意侵害人權，令法治得以落實的方法就是「三權分立」，必須要讓立法權、行政權、司法權，分屬於三個不同的國家機關，才能讓權力維持平衡、相互制約。

此外，與孟德斯鳩同時期的另一位法國哲學家盧梭（Jean Jacques Rousseau，1712 — 1778）則提出了「主權在民」的主張。盧梭認為政府的成立是由於人民自願將自身權力託付給政府，是一種人民與政府之間無形的「社會契約」，也是「公共意志」的體現。政府應體現民意，依人民制定的法律進行統治，並受人民監督，使人民權利受到保障。

洛克、孟德斯鳩和盧梭等人的論點為後來的美國獨立戰爭、法國大革命提供了思想啟蒙的泉源。為了不讓人民權利受到任何人的恣意侵犯，因此需要統治者主持公道、維持秩序，但統治者的權力必須受「規範」限制，才能防止權力濫用，這個規範概念的具體展現就是「憲法」，並以憲法落實民主憲政的精神：「有限政府、保障人權」。史上第一部成文憲法——1787 年的《美國憲法》，以及1791 — 1795 年之間歷經數次重訂的《法國憲法》，都可視為洛克等啟蒙運動思想家的理論實踐。

女性意識覺醒的荊棘之路

女人不是公民？啟蒙運動對女性權利的影響

英國思想家洛克的著作《政府論》（Two Treatises of Government）主張天賦人權，強調人的自然權利與生俱來。啟蒙運動受到洛克的哲學思想影響，萌芽於 17 世紀後期的英國，之後以法國巴黎為中心，再逐漸擴及西歐大部分地區及美國。

洛克的主張不僅影響了歐陸啟蒙運動的發展，也啟發了美國獨立運動與法國大革命。可是，此時天賦「人」權中的人，並未包含女性。西元 1789 年，法國大革命爆發後頒布的《人權和公民權宣言》（Déclaration des Droits de l'Homme et du Citoyen，簡稱《人權宣言》），所保障的人權也只針對男性，女性、奴隸皆排除在外。長期以來，女性在法律上隸屬於丈夫、父親、兄長或兒子，女性無法持有產業，即便是貴族女子藉由繼承所得的財產，一旦結婚就全歸夫家，收入也歸丈夫。

不過，受到啟蒙運
動影響，女性也漸漸產生爭取自我權利的
意識與行動。西元 1789 — 1799 年法國大革命期間，人權觀念興
起。革命爆發不久，即有一群巴黎婦女走向凡爾賽宮，向國民議會要求與男子平等的
合法人權，揭開了女權運動的序幕。後來在 1791 年，藝術家瑪麗・古茲（Marie Gouze；又名奧
蘭普・德古熱 Olympe de Gouges，1748 — 1793）仿照《人權宣言》撰寫並發表《女性與女性公民
權宣言》（Déclaration des droits de la femme et de la citoyenne，簡稱《女權宣言》），主張女性
生而自由，在法律上擁有與男性平等的權利。西元 1792 年，英國作家瑪莉・沃斯通克拉夫特（Mary
Wollstonecraft，1759 — 1797）發表《女權辯護》（A Vindication of the Rights of Woman）一書，
更提出女性應享有等同於男性的基本權利。

工業革命對女性受教權的影響

除了參政權以外，你知道嗎？以前，絕大多數的女孩是被規定不能上學的，直到 19 世紀中後期至 20 世紀初期之間，這種情況才有所改變。即使到了今天，還是有某些國家的政府下令禁止女孩到學校上課，例如塔利班政權剝奪阿富汗女性接受教育的權利。

想一想，不能接受教育的女孩會怎麼樣？讓女孩有能力、敢於追夢的受教權，又是怎麼來的呢？

這就要從 18 至 19 世紀的工業革命說起。在當時，工業革命可是對不同社會階級的性別角色產生了顯著的影響：

◆ 中產階級的「男主外、女主內」現象普及化，女性成為家庭的主要照顧者，依附外出工作賺錢的男性。由於女性閒暇時間較多，開始萌生社會參與的念頭，也慢慢意識到婚姻關係中性別不對等的關係。

◆ 工業革命後，隨著勞工需求量的大幅提升，增加了底層女性外出就業的機會，女性受雇成為領有酬勞的勞動者後，開闊了視野、找到了自信，加上對家庭經濟的貢獻，讓卑微的女性地位稍獲尊重。

再者，工業革命為生產方式與技術帶來快速的變化與發展，雇主要求勞動者具備一定的知識和技能，而要獲得知識和技能的最佳途徑就是教育。這樣的轉變，也間接影響了女性受教權。

此外，部分受過教育的未婚女性，不願受家庭羈絆，她們將知識轉化為能力，擔任家庭教師或作家謀生，主張女性有權主宰自己的命運，人生應擁有更多選擇的機會，以生命經驗告訴世人，步入婚姻並非唯一選項。

歷史上的女力案例

英國小說家珍 · 奧斯丁（Jane Austen，1775—1817），終身未婚、憑己力謀生，就當年時空背景而言，是相當前衛的生活方式。作品皆以匿名發表，而這也是當年女性在書寫創作時所遭遇的困境之一。著有《理性與感性》（Sense and Sensibility）、《傲慢與偏見》（Pride and Prejudice）等。

由於上述種種原因，造就這時期的女性，逐漸體會到女子教育的重要性，認為必須扭轉男女教育機會的不平等現象，開始遊說政府為女性規劃更完善的教育體制。

19 世紀中期，英國進行教育體制的變革，西元 1848 年創建的皇后學院，是距今最早成立的女校，象徵女子中等教育正式建立。至於女子高等教育則是又過了 21 年才實現。西元 1869 年，英國第一所女子大學教育機構「格頓學院」，成立於劍橋大學內。之後牛津大學也陸續成立四個學院作為附屬的女子教育機構。女性好不容易可以接受大學教育，但就算學業成績名列前茅，學校仍不願授予女性畢業生學位，因而女學生畢業後，仍難以憑藉學歷找到合適且喜歡的工作。直至 1920 年代，劍橋、牛津大學，才同意授予女學生學位。

儘管開放女性得以接受教育，但在最初，學校培訓女孩成為知書達禮的淑女，目的是為了讓女孩在將來成為他人眼中的賢妻良母，而非讓女孩具有職業技能，擁有更多發展可能，像是有能力選擇且成為一名科學家、音樂家、建築師、治療師等。

不過，不可否認的是，體制的改變催化了風氣的轉向，女子教育為女性生涯選擇提供了更多元的可能性。在校園環境中，有越來越多女性投入傳統男性學術領域，社會越來越能接受男女同享平等的教育權，更多男性慢慢消除對女性能力的偏見，更多婦女集結而成的社會團體，致力於爭取更多的女性權利。19 世紀末至 20 世紀初，英國婦女爭取受教權與參政權的熱潮，衝擊大西洋兩岸，而後蔓延至全世界。

 曾經，女生不能上大學……

以 19 世紀前劍橋大學反對女性接受教育的說法為例：

1 由於劍橋大學採住宿制，反對者認為女性不適合長時間離家。

2 人文、數學、哲學學科的內容艱深困難，女性柔弱難以負荷學習研究的壓力，如果傷害身體健康，將影響未來打理家務。

3 女性入學會破壞男性建立的學校秩序。

這些理由你可以接受嗎？為什麼？現代社會還有人抱持這樣的想法嗎？

近代臺灣女性的教育之路

1

西元 1884 年，傳教士馬偕（George Leslie Mackay，1844 — 1901）察覺到臺灣社會不重視女子教育，爭取基督教長老教會創辦淡水女學堂，希望藉由宗教教育，培養女性成為傳道人，成為臺灣新式女子學校的開端。

2

西元 1897 年，日本殖民政府設立「臺灣總督府國語學校第一附屬女子分教場」（即今臺北市立中山女中前身），是臺灣女子教育的里程碑。臺灣女子教育的發展，有一部分基礎奠立於日治時期，但此時的女子教育以初等、中等階段為主，教育目標在於學習實用技藝，例如編織、裁縫，以陶冶女性具有賢淑美德，就業謀職並非考量重點。

education

教育

3

中華民國政府遷臺之後，部分大學奉准復校，政府也鼓勵私人辦學，大專院校數目逐年遞增。至西元 1968 年，因實施九年國民義務教育，迫切需要中小學師資。由於師範生有公費及就業的保障，吸引女學生與貧寒生報考，接受高等教育的女性日益增加。

4

1990 年代以前的課程內容，持續複製傳統父權思想，傳遞性別刻板印象。1990 年代以後，由於人權教育的提倡、性平教育的興起，才開始促進女權運動的發展。

當時的國小課本以圖文傳遞夫妻家務分工的不平等現象：媽媽早起打掃、目送孩子出門上學，肩負家務與育兒工作；爸爸則是好整以暇的坐在客廳看報紙。

女權運動的目的除了要求解除父權體制下對女性造成的各種壓迫、不公平對待，同時也希望所有性別都可以得到自由。像是男生從小就被要求要有男子氣概、勇敢陽剛、賺錢養家，和女生一樣要面對加諸在身上的不合理期待，長期承受父權體制的剝削。因此，唯有所有性別都自由了，平權社會才能真正實現。

欺負，起於不相同

早在好久以前，世界各地已接連出現不同種族之間的對立、歧視與紛爭。有些人會帶著敵意去傷害和自己膚色、語言、文化儀式不同的人，認為只有和自己擁有相同膚色、說相同語言、使用相同文化儀式的人，才是最優秀、最高貴的人，其他人都是醜陋的野蠻人，像是中國漢族將中原四周的外族稱作「蠻夷」、「番邦」，臺灣先民稱呼原住民、外國人為「番仔」，古希臘城邦雅典人稱外國（邦）人為「野蠻人」。除了充滿歧視的稱呼，人們甚至會剝奪對方權利、刻意迫害對方，甚至發動戰爭消滅對方。一起來回顧歷史上的知名案例吧！

種族分級——以中國元帝國、印度為例

「種族分級」是指基於各種不同的理由，將不同族群劃分等級，並給予差別待遇。例如中國元帝國是第一個由游牧民族（蒙古族）所建立並統一中國的帝國，由於境內民族複雜，加上蒙古族屬於少數，因此為了分化與控制各族群，蒙古族統治者將族群等級由高到低，依序劃分為「國人、色目人、漢人、南人」。漢人與南人的地位最低，在各方面受到不公平的對待，像是雖然是犯相同的罪，但是漢人和南人的處罰卻更重、科舉考試的上榜難度也較其他族群來得更高。

等級	成員
國人	蒙古人
色目人	西北、西域各族
漢人	原金帝國統治區域，包含漢人、高麗、契丹、女真
南人	原南宋治理下的漢人，及西南各族

還有例如自認為高貴的阿利安人（Aryan），約於西元前 1500 年入侵征服印度後，為確保統治的穩定，創設了「種姓制度」。此制度與阿利安人的信仰結合，主張劃分種姓是神的旨意，因此將人依據膚色深淺，區分成四個階級。西元1947 年，印度脫離英國殖民獨立後，廢除種姓制度，但受印度自古以來的宗教觀念影響，種姓制度所造成的不平等現象至今仍深深影響著印度社會。

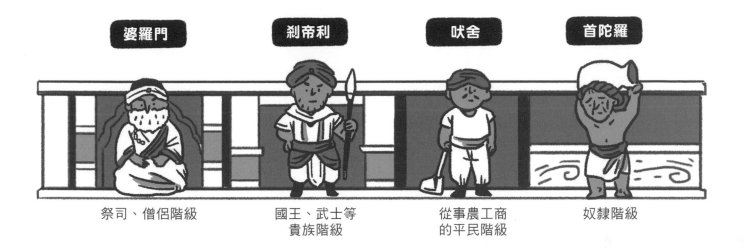

種姓制度的四大階級

婆羅門	剎帝利	吠舍	首陀羅
祭司、僧侶階級	國王、武士等 貴族階級	從事農工商 的平民階級	奴隸階級

種族隔離——以美國、南非為例

「種族隔離」則是指在公共設施或公共場所，像是圖書館、公共廁所，依據使用者的膚色區隔使用時間與空間，分成白人（white）專用和有色人種（colored，主要針對非洲裔，但也包含其他族群）專用，但有色人種所使用的，通常都較白人差，這些不公平的情況卻是法律容許的。例如「吉姆 · 克勞法」（Jim Crow laws）即是 1876 年至 1965 年間，美國南部各州以及邊境各州對有色人種實行種族隔離制度的法律。

西元 1948 年，南非白人成立的國民黨（National Party）執政後，透過制定不公平的法律，奪走非白人族群的各項自由權利，把他們看作是次等人。白人統治者為了鞏固權力、提高地位及優越感，將不同膚色的人民區分為白人、黑人、有色人種、印度人（後改稱亞洲人）四大類，人民的生命價值與生活方式都由膚色決定。像是 1950 年《種族分區法》（The Group Areas Act）強迫不同膚色的人必須要分區居住，並在強制遷徙與隨後的土地占奪下，使得全國八成以上土地集中在不到兩成人口的白人手中。1953 年《隔離設施法》（The Reservation of Separate Amenities Act）實施後，更禁止不同膚色的人混用公共服務設施，例如禁止不同膚色的人民讀同一間學校、搭同一班公車、在同一間醫院看病，就連公園的長椅也放置「白人專用」告示牌。

你要起來讓座！

反種族隔離運動——以美國、南非為例

非裔美國人民權運動（Civil rights movement，1954 — 1968）是非裔美國人為爭取與白人同等的地位而發起的「非暴力不合作運動」，希望能夠藉由非暴力的抗爭行動終結美國的種族隔離制度、種族歧視，以及對黑人選舉權的剝奪。

1955 年，非裔美國公民羅莎 · 帕克斯（Rosa Louise McCauley Parks，1913 — 2005）在實施種族隔離政策的阿拉巴馬州蒙哥馬利市搭乘公車時，由於白人座位已滿，司機要求她把正在使用的黑人座位讓位給另一名白人乘客。帕克斯拒絕讓座而遭到逮捕、受審，之後更以擾亂秩序、違反法規定罪。受此事件刺激，50 名非裔領袖組織了「蒙哥馬利公車抵制活動」，黑人以罷乘行動反對公車上的黑白隔離措施，要求所有乘客都能得到平等的待遇。抵制活動一共進行了 381 天，直到當地公車上的黑白隔離法規被廢除為止。

美國非裔人權運動發起人之一的馬丁 · 路德 · 金恩（Martin Luther King，1929 — 1968）是蒙哥馬利進步協會的主席，蒙哥馬利公車抵制活動即由此協會領導。1963 年 8 月 28 日，他還領導了美國歷史上至今最大的一場人權政治集會——華盛頓大遊行，總計有超過 25 萬人參加，目的在爭取非裔美國人的權利。集會中，金恩博士在林肯紀念堂前發表了舉世知名的《我有一個夢想》（I Have a Dream）演講，促使美國國會於

1964年通過《民權法案》（Civil Rights Act of 1964），宣示在學校、工作場所、公共設施等地，不可以因膚色、宗教、性別或原國籍而受到歧視。

非裔美國人民權運動也和發生在南非等國的抗爭運動相互激勵。南非許多黑人反對派領袖因抗爭種族隔離行動而被捕入獄，例如後來成為南非總統的曼德拉（Rolihlahla Mandela，1918－2013）。西元1962年，曼德拉因領導反種族隔離運動，遭南非法院以「密謀推翻政府」等罪名判刑，前後共約服刑近27年。

1980年代，南非的社會秩序動盪，加上國際經濟制裁加劇，迫使政府著手改革種族隔離政策。當時的南非白人總統戴克拉克（Frederik Willem de Klerk，1936－2021）扮演終結種族隔離制度的重要推手。在他任內，陸續廢止與種族隔離有關的法令，並且釋放曼德拉等政治犯。西元1993年，臨時憲法宣示所有人民皆享有自由平等權利，同年，曼德拉與戴克拉克同獲諾貝爾和平獎。西元1994年，曼德拉領導的政黨「非洲民族議會」（African National Congress）贏得全國首次不分種族的民主選舉，曼德拉也當選為南非首位黑人總統，一般將此視為南非種族隔離制度的正式終結。

種族滅絕

「種族滅絕」則是指有權勢的
一方，有計畫的運用各種方式，
殘殺另一個特定的族群，例如西元
1933 年起，希特勒（Adolf Hitler，
1889 － 1945）領導的納粹德國政府開
始在德國及德軍於歐洲占領的區域建立
集中營，這些集中營在第二次世界大戰期
間（1939 － 1945），關押了許多人，這些
被納粹稱為「不值得活著的生命」，包含猶太
人、羅姆人、同性戀、身障人士等。他們被視為
不配擁有生命權，因而被迫長時間勞動、忍受飢
餓寒冬，最後甚至被送進毒氣室殺害，估計總受害
人數近 1100 萬人。

令人遺憾的是，直至近年，慘絕人寰種族屠殺事件仍持
續發生。例如 1994 年，中非盧安達大屠殺，當政的胡圖
族（Hutu）針對境內少數族群圖西族（Tutsis）進行種族滅
絕行動，估計有 50 至 100 萬人遭殺害，占盧安達全國人口 10
至 20%。2017 年，緬甸若開邦爆發了軍政府對於少數民族羅興
亞人（Rohingya People）進行殘暴的集體殺害，造成約有數十萬
名羅興亞人被迫離開家園，逃離到孟加拉的難民營。

人人皆生而不同，但卻生而平等

人類的多元性是珍貴的資產，每一張臉孔、每一種語言、每一個生活環境，長成了獨一無二的生命個體。初次見面時，我們或許會因為不了解彼此，而有所擔憂或懼怕，但不應該預設立場、帶著偏見，在對方沒有做錯任何事情時，就開始厭惡他、排斥他，甚至是欺負他。請試想：膚色比較淺的人就比較聰明嗎？能夠用自然捲、單眼皮、眼珠顏色等特徵，來判斷誰應該是奴隸或主人嗎？

所有的生命都值得被尊重，人人皆生而不同，但卻生而平等。

自己的權利自己擇！

沒有天賦人權這回事，權利是靠自己爭取來的！以下舉幾個近代重大抗爭的例子來說明。這些抗爭的樣態雖然不一，但反抗壓迫、追求獨立或自由的本質卻是一樣的。

1940 年代至 1960 年代間的殖民地獨立運動

15 世紀末，當歐洲人發現新航線後，隨後陸續在美洲、非洲、亞洲建立殖民地。尤其工業革命發生後，19 世紀的新帝國主義更擴大這股殖民浪潮。

「殖民」的意思是指強權國家（殖民國）藉由優勢的軍事武力入侵占領弱小地方或國家（被殖民地），進而掠奪當地的自然資源、住民所擁有的財產，並將被殖民者看作是次等人、奴隸，且制定不公平的政策和法律，強迫他們必須聽話配合，放棄原有的文化與信仰，乖乖學習殖民國的語言和規範。

歷史上的殖民事件舉例

西班牙和葡萄牙入侵、殖民整個中南美洲；北美洲大部分土地也被英國和法國占領。

英國的殖民地遍及地球上的 24 個時區，以致時時刻刻皆有英國領土處於白晝中，因而有「日不落國」的稱號。

非洲、東南亞絕大多數土地都曾被來自歐美的國家瓜分、侵占。

第一次世界大戰後，由於主戰場歐洲受創嚴重，使歐洲殖民帝國的勢力式微，加上時任美國總統的威爾遜（Thomas Woodrow Wilson，1856－1924）提出「民族自決」，主張一個民族可以決定自己的命運，有權追求獨立、自由和權利，不受其他民族不平等的對待或歧視，而掀起民族自決的風潮。各殖民地也隨之引發反殖民浪潮，其中以巴爾幹半島、中東歐等地最為激昂。

至於亞洲、非洲國家的獨立運動則是直到第二次世界大戰後，約於 1940 年代後期至 1960 年代間，達到高峰期。這是因為歷經兩次世界大戰後，歐洲列強國力空虛，除了需仰賴美國的援助進行重建，同時又得面臨蘇聯的威脅，在自顧不暇的情況下，對於殖民地的控制力道大為減弱。尤其西元 1960 年聯合國通過《給予殖民地國家和人民獨立宣言》（Declaration on the Granting of Independence to Colonial Countries and Peoples），促使非洲數十個國家脫離殖民統治獨立。

二次世界大戰後東南亞國家獨立概況

緬甸
獨立時間：1948 年
原殖民國：英國
獨立方式：和平談判

越南
獨立時間：1954 年
原殖民國：法國
獨立方式：武力抗爭

菲律賓
獨立時間：1946 年
原殖民國：美國
獨立方式：殖民國自動放棄

馬來西亞
獨立時間：1957 年
原殖民國：英國
獨立方式：和平談判

印尼
獨立時間：1949 年
原殖民國：荷蘭
獨立方式：武力抗爭

歸還給你們！

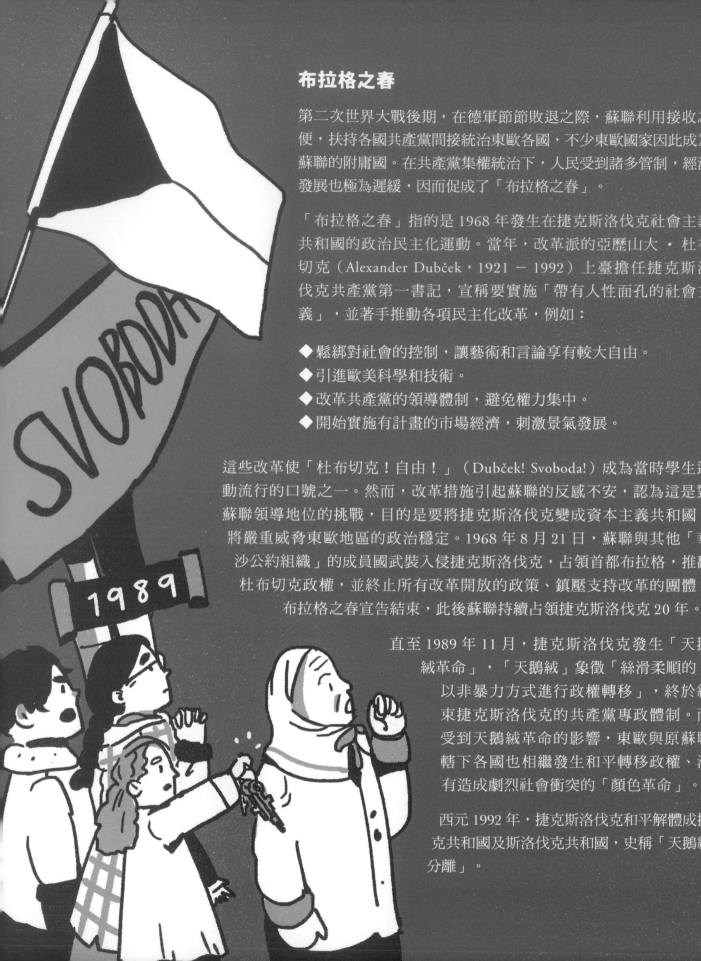

布拉格之春

第二次世界大戰後期，在德軍節節敗退之際，蘇聯利用接收之便，扶持各國共產黨間接統治東歐各國，不少東歐國家因此成為蘇聯的附庸國。在共產黨集權統治下，人民受到諸多管制，經濟發展也極為遲緩，因而促成了「布拉格之春」。

「布拉格之春」指的是 1968 年發生在捷克斯洛伐克社會主義共和國的政治民主化運動。當年，改革派的亞歷山大·杜布切克（Alexander Dubček，1921 － 1992）上臺擔任捷克斯洛伐克共產黨第一書記，宣稱要實施「帶有人性面孔的社會主義」，並著手推動各項民主化改革，例如：

◆ 鬆綁對社會的控制，讓藝術和言論享有較大自由。
◆ 引進歐美科學和技術。
◆ 改革共產黨的領導體制，避免權力集中。
◆ 開始實施有計畫的市場經濟，刺激景氣發展。

這些改革使「杜布切克！自由！」（Dubček! Svoboda!）成為當時學生運動流行的口號之一。然而，改革措施引起蘇聯的反感不安，認為這是對蘇聯領導地位的挑戰，目的是要將捷克斯洛伐克變成資本主義共和國，將嚴重威脅東歐地區的政治穩定。1968 年 8 月 21 日，蘇聯與其他「華沙公約組織」的成員國武裝入侵捷克斯洛伐克，占領首都布拉格，推翻杜布切克政權，並終止所有改革開放的政策、鎮壓支持改革的團體。布拉格之春宣告結束，此後蘇聯持續占領捷克斯洛伐克 20 年。

直至 1989 年 11 月，捷克斯洛伐克發生「天鵝絨革命」，「天鵝絨」象徵「絲滑柔順的，以非暴力方式進行政權轉移」，終於結束捷克斯洛伐克的共產黨專政體制。而受到天鵝絨革命的影響，東歐與原蘇聯轄下各國也相繼發生和平轉移政權、沒有造成劇烈社會衝突的「顏色革命」。

西元 1992 年，捷克斯洛伐克和平解體成捷克共和國及斯洛伐克共和國，史稱「天鵝絨分離」。

六四天安門事件

　　由於中國於 1980 年代展開的「改革開放」弊端叢生，使得 1986 年在安徽合肥爆發民主學運。這波「反貪腐、要人權」的抗議浪潮，迅速襲捲各大學，但隨即遭鎮壓。後來以中國領導人鄧小平（1904 － 1997）為首的保守派高層認為時任中共中央總書記的胡耀邦（1915 － 1989）過於縱容學生，胡耀邦因此被迫下臺。

　　1989 年 4 月 15 日胡耀邦過世，許多群眾聚集在首都北京的天安門廣場表示哀悼與紀念，進而提出解除報禁、開放言論自由等訴求，此事件逐漸演變成反抗政府政策的民主運動。但鄧小平卻將此次運動定調為「西方思想滲透，意圖顛覆國家、推翻共產黨的政治鬥爭」。

　　持續了一個多月的示威運動，抗議聲勢越來越強，鄧小平、李鵬等保守派高層決定以武力維穩，除了宣布戒嚴，還派遣軍隊進駐北京。6 月 4 日凌晨，解放軍部隊開始武力鎮壓及逮捕在天安門廣場抗議的群眾，並禁止國內外媒體採訪，使實際傷亡人數至今仍眾說紛紜。而此事件期間，有位身分不明的示威者，以身體擋住坦克車駛進天安門廣場，後來又被稱為「坦克人」，他螳臂擋車反抗威權者的勇氣，也成為六四天安門事件最鮮明的象徵。

柏林圍牆倒塌

第二次世界大戰結束後，美國、英國、法國和蘇聯根據 1945 年波茨坦會議的決議，將無條件投降的納粹德國一分為四，由四國分區占領，另對首都柏林也用同樣的方式處置。西元 1949 年，美國與蘇聯因德國統一問題而交惡，致使德國分裂為由蘇聯支持成立的東德（全名為「德意志民主共和國」），以及由美國、英國、法國支持成立的西德（全名為「德意志聯邦共和國」），包括位處東德境內的柏林也一分為二。此後東柏林和東德實施共產主義，西柏林和西德實施資本主義。

在 1961 年時，東德更在柏林市內築起圍牆與鐵絲網，防止東德人民從東柏林逃到隸屬西德的西柏林。此後，柏林圍牆成為冷戰期間共產主義與資本主義對抗的象徵。東德衛兵全天候監視這面由水泥塊堆砌、分隔柏林的圍籬，若有東德民眾企圖逃亡即遭開槍射殺。

1989 年，東德人民進行一連串大規模民主示威運動，要求政府放寬社會與經濟的限制。東德總理克倫茨（Egon Krenz，1937 －）為緩和民眾的不滿，決定放寬東德人民前往西德的管制。11 月 9 日，東德政府發言人夏波夫斯基（Günter Schabowski，1929 － 2015）在記者會上說：「所有東德公民無需申報特殊理由，都可以穿過檢查哨站離境」，記者追問何時生效？他回覆說：「立即生效」。消息一出，大批東德民眾欣喜歡呼，湧向圍牆並自行拆除，被分隔 28 年的柏林人終得聚首。

※ 總理克倫茨本意應是 10 日上午 4 時開放邊境，「東德民眾可以透過適當機構申請出境簽證」，和發言人的說詞是不一致的，卻造就了柏林圍牆倒塌這起重大歷史事件。

柏林圍牆的倒塌，開啟兩德統一的序幕。1990 年 10 月 3 日，德國終於完成統一。

FREEDOM

蘇聯解體

戈巴契夫（Mikhail Gorbachev，1931 － 2022）於 1985 年出任蘇聯共產黨中央委員會總書記，成為蘇聯最高領導人。由於長期的經濟停滯，戈巴契夫推動經濟改革與政治開放，試圖與以美國為首的西方世界改善關係，多次與美國總統會談，同意共同刪減核子武器數量，鬆綁對東歐國家的控制，並於 1988 年宣布不再以武力干涉東歐各共產國家。

1991 年，反對改革的保守共產分子發動政變，軟禁戈巴契夫，其後由俄羅斯總統葉爾欽（Boris Yeltsin，1931 － 2007）出面營救，實際政權因此轉而落入葉爾欽手中。1991 年底，戈巴契夫宣布辭職，將權力移交葉爾欽，而後蘇聯最高權力機關和立法機關「蘇聯最高蘇維埃」決議蘇聯停止存在，改建立獨立國家國協，蘇聯就此正式解體。

渴望自由、爭取自由
捍衛自由、守護自由

1948 年 12 月 10 日聯合國大會通過《世界人權宣言》（Universal Declaration of Human Rights），
這是人類歷史上第一份國際人權宣言，將人類應享有的基本權利登載於 30 條條文中。

1965/12/21
《消除一切形式種族
歧視國際公約》

1966/12/16
《公民與政治權利國際公約》

1966/12/16
《經濟社會文化權利國際公約》

聯合國
九大核心
人權公約

1979/12/18
《消除對婦女一切形式歧視公約》

世界人權公約的發展歷程

1948

1948 年 12 月 10 日
聯合國大會通過《世界人權宣言》

1965 — 2006

聯合國大會陸續通過九大核心人權公約

1984/12/10
《禁止酷刑和其他殘忍、不人道或有辱人格的待遇或處罰公約》

1989/12/20
《兒童權利公約》

1990/12/18
《保護所有移徙工人及其家庭成員權利國際公約》

2006/12/20
《保護所有人免遭強迫失蹤國際公約》

2006/12/13
《身心障礙者權利公約》

※ 為聯合國通過時間

藍底為目前臺灣立法院已通過施行法的核心人權公約

臺灣政治發展大事紀

清帝國在 1894 年甲午戰爭戰敗後，與日本簽訂馬關條約，將臺灣割讓給日本，從此臺灣進入日治時期。1945 年 8 月 15 日，日本於第二次世界大戰中戰敗宣告投降，而後由中華民國政府接手統治臺灣。不久，由於持續惡化的軍政紀律與經濟民生，加上官民衝突及族群矛盾，1947 年 2 月 28 日起，臺灣各地爆發激烈的武力抗爭及暴動，民眾要求政治改革，但國民政府反而派遣軍隊進行大規模武力鎮壓，導致大量臺籍菁英與居民遭到逮捕、槍斃或失蹤，史稱「二二八事件」。1949 年，因國共內戰失利，政府宣布臺灣全境實施戒嚴，嚴禁集會遊行，且為了控制言論思想，查禁黨外雜誌、歌曲與書籍，此後臺灣長期處在政府高壓統治的「白色恐怖」之下。直至 1979 年 12 月 10 日（國際人權日），以美麗島雜誌社成員為核心的黨外運動人士，在高雄號召群眾進行遊行及演講，訴求民主、自由、終結黨禁和戒嚴，而引發警民衝突，稱為「美麗島事件」，是二二八事件後規模最大的一場警民衝突事件，許多黨外人士也遭到逮捕並進行軍事審判。1987 年，蔣經國總統宣布自 7 月 15 日起解除戒嚴（僅臺灣本島），使臺灣社會有了重大轉機。1990 年 3 月 16 日至 22 日，來自全臺各地的大學生聚集中正紀念堂廣場（今自由廣場）靜坐抗議，稱為「三月學運」（野百合學運），與會學生們倡議「解散國民大會」、「廢除臨時條款」、「召開國是會議」、「提出政經改革時間表」等四大訴求。時任總統李登輝接見學運學生代表且遵守對學生的承諾，不久後召開國是會議，並於 1991 年廢除《動員戡亂時期臨時條款》，而後配合修憲，推行一連串民主改革，臺灣的民主化進入全新的里程碑。

1947 年　二二八事件

1948 年
公布《動員戡亂時期臨時條款》

1949 年
頒布《戒嚴令》，臺灣實施戒嚴，進入白色恐怖時期。

1979 年
美麗島事件

1987 年
總統蔣經國宣布解嚴

1990 年
野百合學運

1991 年
總統李登輝宣告終止動員戡亂時期、廢止《動員戡亂時期臨時條款》

1991 年
國民大會全面改選
終結「萬年國會」的運作

1992 年
立法委員全面改選

1994 年
直轄市市長民選

1996 年
公民直選正副總統

2004 年
實施《公民投票法》

2014 年
太陽花學運

世界人權宣言起草人勒內·卡森曾言說：「只要地球上有地方的人權遭到侵犯，我們的世界就不可能真正擁有和平。」回顧近代歷史：2010 年突尼西亞爆發茉莉花革命，引發阿拉伯世界由人民發起推翻獨裁政權的「阿拉伯之春」運動。2014 年香港爆發爭取真普選的雨傘革命。2019 年由於香港特別行政區政府提出《逃犯條例》修訂草案，犯罪嫌疑人將可引渡到中國內地司法管轄區受審，引發香港民眾大規模參與「反送中」抗爭行動。2022 年伊朗女子艾米尼遭道德警察以「沒有正確配戴頭巾」為由逮捕，並於拘留期間死亡，引燃伊朗人民怒火，發生「頭巾革命」……由此可見，人權的落實尚未普世化，各地仍有人民在為自由權利努力著。美國前總統雷根曾說過：「你我享有的自由權利，絕不是理所當然的繼承；只有每個世代都願意為自由奮戰、不斷守護，人們才有資格繼續擁有自由。」因前人的犧牲付出，我們才得以生活在民主自由的臺灣，雖然社會還有許多不完美的地方，那就交由大家持續關心並付諸行動，一同修補須改善的部分，讓人權實踐在社會的各個角落。

PART 2
Nowadays

- 什麼是公民
- 世界公民
- 各國公民力大揭密

國民 vs 公民的不同

　　打開電視，常會看到新聞中大家在討論政府的政策。有時候，還會看到民間團體站出來開記者會，或是號召人們走上街頭；又為了引發大眾的關注，會在熱鬧的街區發傳單、演出行動劇，還有發起連署。這些，都是民主國家稀鬆平常的事。

　　隨著社會的多元發展，人民越來越需要為自己的看法發聲。然而，當我們對「公民」這個身分不了解時，常以為「投下神聖的一票」就是公民的唯一任務。投票固然重要，但關心社會上大大小小的議題，像是勞工是不是擁有良好的工作環境、多元性別族群（LGBTQIA+）是否受到社會的排擠等，亦是日常生活中很重要的一部分。需要被關注的議題很多，而能夠產生影響進而改變社會，常常來自於公民的力量。你知道如何成為「公民」，而公民又享有哪些權利呢？

在臺灣，要具備兩個重要條件才能成為公民，第一是先具有國民的身分。什麼是國民？如果一個人的父親或母親具有中華民國國籍，他就自然而然成為了國民。那麼，外國人也可以成為國民嗎？答案是可以的！他需要放棄原來國籍，並且在臺灣定居一定的時間，才有機會申請成為國民。

第二個條件是達到「法定年齡」、擁有「參政權」後，就可以成為一個公民。滿 20 歲具有選舉權，可以投票；滿 23 歲具有被選舉權，可以參選公職、為民服務。這時就可以透過自己的獨立思考和判斷能力，還有對各種議題的看法，用選票決定要支持哪個政黨或哪位候選人，甚至也有機會成為候選人並投身政治工作。

全球化下，
脣齒相依的關係

由於資訊科技和交通運輸的快速發展，讓全世界的國家和國民變得更為緊密，好處是加深了各個國家在經濟、政治和文化等層面的緊密連結，但壞處卻是每個人的一舉一動，可能直接或間接讓另一個國家人民成為無辜的受害者。譬如手機或各樣電子產品帶來便利的生活，但若之後因喜新厭舊，隨意替換將產生大量電子垃圾──有的可能被隨意丟棄、汙染環境；有的則可能被商人運至其他國家，讓當地勞工在危害健康的工作環境下提煉稀有金屬。

有人不是公民
也不是國民

2015 年的一個早晨，在土耳其的海灘上發現一具三歲男童的遺體。這個男童是來自敘利亞的難民，原本跟著家人搭上偷渡船，卻不幸在地中海遭遇船難。這張照片震驚全球，引發各國關注。

難民，是指因為宗教、種族、政治等因素遭到迫害的人民。他們被迫離開原本的國家，前往鄰近的其他國家尋求保護。然而面對這些難民，並不是所有國家都願意收容他們。眾多的難民需要大量的食物、生活用品與暫時居住地，這不僅會影響到接收國家的資源與財務，也可能產生難以化解的社會問題。

除了難民之外，因氣候變遷而產生的「氣候難民」、不受任何國家承認的「無國籍人士」，甚至是為了爭取平等、自由及參政等權利，而受到獨裁政府逮捕拘禁的人們，都需要大家的發聲與行動支持。

身為全球公民在面對這些問題時，都有責任思考如何解決問題，並且願意承擔責任，讓彼此遠離災難、迎向幸福。雖然全球公民不是一種正式身分，但是因為有這樣的思考方式，才能帶領我們關心人權、正義、和平等價值，共同建構一個更理想的世界。

**在這個世界上，有許多議題值得大家的關心。
從下列舉例中，你能不能挑出一個想關注的議題？**

貧窮

全球貧窮率自從 2000 年以來，雖然已經下降了一半以上，但是在開發中國家仍有十分之一的家庭每日生活費低於國際貧窮線（約為 1.90 美元），而數百萬人每日收入勉強高於這個水準。貧窮不只是維持生計的問題，還會伴隨營養不良、無法受教育等後續處境問題，甚至受到社會的排斥和歧視，無法過著有尊嚴的生活。若是無法做到完善的社會保障，貧窮家庭將可能落入世代貧窮的惡性循環。

霸凌

小香在網路上攻擊美美的言論和外貌，還要大家一起公審她，讓美美的生活備受影響。小香的行為其實就是霸凌行為中的「網路霸凌」，也就是透過電腦網路和通訊科技來散播惡意言論、恃強凌弱。這種行為不僅會侵害名譽，也會讓被霸凌的人受到極大的精神壓力，對心理發展帶來難以想像的負面影響。

友善飼養

不良的生活環境會讓母雞身心不健康，因而農場在照顧上也需要投入更多藥物預防和治療，在在增加雞蛋食品安全的風險。根據農委會的統計，臺灣目前有九成的蛋雞是飼養在狹小擁擠的格子籠中，也就是俗稱的「籠飼」，只有一成的雞隻是用比較友善的方式來飼養。所謂的友善飼養就是指能兼顧動物需求和福利的飼養方式，像是平飼和放牧，都比較能讓雞隻自由的跑跳活動和休息。而這幾年有越來越多餐廳認同友善飼養的理念，決定使用「非籠飼雞蛋」。

LGBTIQA+ 族群的權益

小琳是個女生，知道自己喜歡同性別的人，即使還沒得到親友的祝福，但她依然努力爭取自己想要的人生。阿志白天是一個西裝筆挺的上班族，而到了週末晚上就會變成眾人矚目的「變裝皇后」，在舞臺上散發自信與美麗。
像小琳和阿志一樣情況的人，可能就在你我的身旁。雖然社會越來越尊重多元性別，但他們還是必須面對許多不友善的眼光，甚至影響就業和生活。目前臺灣距離真正的平權，仍有許多努力的空間。

性騷擾

小怡的主管曾假借討論公事找小怡單獨外出，在公司也常會「不小心」碰到小怡的身體，讓小怡感到困擾。事實上，小怡遇到的情況就是明顯的「性騷擾」。無論言語或肢體的不當舉措，只要和性或性別有關，且違反他人的意願，都可能構成性騷擾。職場裡的權力不對等常是性騷擾事件發生的原因，會造成受害者巨大的身心創傷。

氣候變遷

全球暖化的速度加快，北極的海冰面積逐漸縮小，衝擊北極熊棲息地，導致牠們要花更多時間和力氣才能找到食物，因而較以前更容易處於挨餓甚至死亡的風險。按照目前地球溫度上升的趨勢，科學家預估全世界僅存的北極熊，恐怕在八十年內就會滅絕。事實上，氣候變遷正對世界帶來極大的浩劫，包含：動植物瀕臨絕種、極端氣候事件的頻繁發生，而海平面上升也讓島嶼小國的生存飽受威脅。不久的將來，全人類須共同面對氣候難民的人權問題。

移工處境

來自印尼的外籍移工米亞，來到臺灣照顧一位阿公，幾乎全年無休，沒辦法領到加班費，扣掉每個月固定要付的仲介費，一個月的薪水不到一萬五千元。除了照顧阿公，有時還會被要求照顧小孩、顧店面等不合理的工作。這些移工在臺灣工作常要面對過多的工作量，工作時間非常長，而社會也常用偏見和歧視的眼光來看待他們。無論在工作或生活適應上，外籍移工的處境都值得大家的重視！

媒體素養

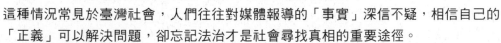

臺灣曾發生一起命案，事後媒體在有限的證據下認定加害者就是死者的好友，網友們也跟著捕風捉影，紛紛在網路上留言攻擊、謾罵。後來司法證明凶手並不是死者的好友，但媒體和網友們的言論，卻已對她造成各種傷害。

這種情況常見於臺灣社會，人們往往對媒體報導的「事實」深信不疑，相信自己的「正義」可以解決問題，卻忘記法治才是社會尋找真相的重要途徑。

動物權益

在人類的歷史上，動物園存在超過二百多年，也具有保育、教育、研究和娛樂等功能，英國動物學者珍古德（Jane Goodall）也認為一個「好的動物園」對於兒童發展扮演重要的角色。然而，人們越來越關心動物福利，開始質疑動物園的各種問題，他們認為動物園不一定能讓動物有良好的生理與心理健康，且部分業者常為了商業利益，讓動物進行表演以娛樂遊客，卻不注重動物的飼養環境，對於動物的權益造成相當大的威脅。

種族歧視

人們基於特定種族的膚色、外貌等特徵，先入為主作出負面的批評，或讓對方受到不合理對待，都可以算是種族歧視。在臺灣，人們常對原住民、新住民和外籍移工存在偏見和歧視；另外過去很長一段時間也常以「番仔」、「山胞」稱呼原住民，這些都是帶有歧視意涵的稱呼方式。

平等、自由、民主、法治起步走！

平等篇 ● 以性別平等為例

「永續發展目標」（Sustainable Development Goals, SDGs），是聯合國發布的 2015 至 2030 年全球發展願景，共有 17 項目標，而第 5 項目標則為「性別平等」。然而，聯合國開發計劃署（United Nations Development Programme, UNDP）透過「性別社會規範指數」（Gender Social Norms Index, GSNI）追蹤全球性平狀況，報告指出全球性別不平等的改善在這 10 年來的改善停滯不前，性別偏見普遍存在。檢視臺灣現況，儘管父權思想仍影響性別分工，但女性的勞動參與率持續提升，女性擔任高階決策比例也逐年成長。

聯合國開發計畫署自 2010 年起公布「性別不平等指數」（Gender Inequality Index, GII），以生殖健康、賦權及勞動市場等三個領域衡量各國的性別平等概況，依 2021 年的評比來看，臺灣在全球 170 個國家中名列第 7，是亞洲各國中性別最為平等的國家。

性別不平等指數分項指標

生殖健康	● 孕產婦死亡率 ● 未成年（15-19 歲）生育率
賦權	● 國會議員比率 ● 中等以上教育程度占 25 歲以上人口比率
勞動市場	● 15 歲以上勞動力參與率

2021年性別不平等指數全球排行前 10 名

1. 丹麥 0.013
2. 挪威 0.016
3. 瑞士 0.018
4. 瑞典 0.023
5. 荷蘭 0.025
6. 芬蘭 0.033
7. 臺灣 0.036
8. 新加坡 0.040
9. 冰島 0.043
10. 盧森堡 0.044

※ 數值越低則表現越佳（0 代表非常平等，1 代表非常不平等）

其他亞洲國家排名

16. 南韓 0.067　23. 日本 0.083　49. 中國大陸 0.192

資料來源：The Progress on the Sustainable Development Goals: The Gender Snapshot 2022

美國智庫卡托研究所（Cato Institute）與加拿大智庫弗雷澤研究所（Fraser Institute）以安全、行動、宗教、言論、資訊、司法、國際貿易等領域的表現來評比，聯合調查 2022 年「人類自由指數」（Human Freedom Index, HFI），而臺灣成績也備受肯定，在全球 165 個國家排名第 14 名，在亞洲排名第 1 名。

不過，報告中顯示 2020 年指數急劇下降。這是因為 2020 年全球面臨 COVID-19 新型冠狀病毒的大流行，因而在行動、集會以及貿易等自由度都顯著降低，全球人類自由指數平均值由 2019 年的 7.03 降至 6.81（滿分為 10 分），甚至低於過去二十多年來評分最低的 2000 年。

2022 年人類自由指數全球排行前 10 名

1. 瑞士
2. 紐西蘭
3. 愛沙尼亞
4. 丹麥
5. 愛爾蘭
6. 瑞典
7. 冰島
8. 芬蘭
9. 荷蘭
10. 盧森堡

其他亞洲國家排名

14. 臺灣
16. 日本
30. 南韓
44. 新加坡
152. 中國大陸

資料來源：The Human Freedom Index 2022

自由度較低　　　自由度較高　　　沒有數據

53

英國經濟學人資訊社（Economist Intelligence Unit, EIU）依照「選舉過程與多元化」、「政府運作」、「政治參與」、「民主政治文化」及「公民自由」等項目進行評比，公布 2022 年全球民主指數（Democracy Index），按民主指數區分全球國家為完全民主、部分民主、混和政權和專制政權。

研究指出全球不到一半（45.3%）的人生活在民主國家。而在這份報告中，臺灣在 167 個國家地區中排名第 10，居亞洲之冠。全球 24 個全面民主國家當中，只有 3 個是亞洲國家，分別是臺灣、日本、南韓。

2022 年民主指數全球排名前 10 名

1. 挪威　　2. 紐西蘭　　3. 冰島　　4. 瑞典　　5. 芬蘭

6. 丹麥　　7. 瑞士　　8. 愛爾蘭　　9. 荷蘭　　10. 臺灣

其他亞洲國家排名　　16. 日本　　24. 韓國　　70. 新加坡　　156. 中國大陸

資料來源：Democracy Index 2022

自 2009 年起，國際性公民社會團體「世界正義工程」（World Justice Project, WJP）開始發表法治指數（Rule of Law Index），研究人員根據八項因素評估全球各國法治發展，評分項目包括：「對政府權力的制約」、「杜絕腐敗」、「社會秩序與安全」、「基本權利」、「政務公開」、「監管執法」、「民事司法」及「刑事司法」。在 2022 年的法治指數中，丹麥、挪威、芬蘭、瑞典與荷蘭包辦前 5 名，臺灣則未列入評比。

根據報告指出，全球的法治水準在下滑中，許多罪犯仍逍遙法外、威權主義抬頭、眾多國家人民的基本權利普遍被侵蝕等情況仍頗為嚴重。儘管在這份數據不能看到臺灣的身影，但仍可從上述評估指標反思：臺灣是否落實法治觀念、確實遵守法律，且能透過法律節制政府的權力。

2022 年法治指數全球排名前 10 名

1. 丹麥
2. 挪威
3. 芬蘭
4. 瑞典
5. 荷蘭
6. 德國
7. 紐西蘭
8. 盧森堡
9. 愛沙尼亞
10. 愛爾蘭

其他亞洲國家排名

16. 日本
17. 新加坡
19. 韓國
95. 中國大陸

資料來源：WJP 公開資訊網頁
https://worldjusticeproject.org

衰退 ≤ -4.1%　-4.0% ~ -2.1%　-2.0% ~ 0%　0% ~ 2.0%　2.1% ~ 4.0%　≥ 4.1% 提升

2015 年至 2022 年法治指數變化

臺灣在前三項數據當中，皆為亞洲第一。然而，我們不能因此自滿，在許多議題上仍有努力空間。接下來一起來看看平等、自由、民主、法治等主題觀念，一起思考值得大家探討與關注的議題吧！

生活中有哪些
性別不平等？

「男主外、女主內。」這句話是指結婚後，身為男生就
該肩負起養家的重責大任；身為女生就該扮演好賢妻良母，
做丈夫的堅強後盾。你有沒有覺得哪裡怪怪的？為什麼男生一
定要這樣？為什麼女生一定要那樣？仔細想想，每個人打從出生
開始，就好像已經有設計好的人生行動守則，告訴大家該怎麼生活、
該怎麼做，並且要乖乖遵守。如果和別人不一樣，可能會被大眾投以不
同的眼光。

這份守則就像是社會文化的一雙無形的手，操
控我們的行為，造成了性別偏見和歧視；不論
男生或女生，或多或少都活在不平等的對待中。

MALE
FACTORY

男生要……
女生要……

FEMALE
FACTORY

在成長的過程中，會因為生理構造是男性或女性，讓大家的行為舉止、外表氣質，都被要求遵循社會文化的價值觀，譬如男生應該要勇敢堅強，學校的制服一定是深色褲子；女生就要溫柔細心，制服一定要穿粉色裙子。

這種社會大眾對「生理男性」、「生理女性」給予不同的期待與印象，就稱為「社會性別」。這樣的期待讓我們就像玩具工廠生產線上的玩偶，從嬰兒到成年人，一步步依據社會性別的設定，裝上符合期待的外觀或行為，卻忽略每個人其實都是獨一無二的。男生也可以溫柔細心，女生也可以勇敢堅強，每個人應該活出自己的樣子。

性格｜勇敢堅強

喜好｜機器人運動

擅長數學

工作｜工程師、太空人

性格｜溫柔細心

喜好｜芭比娃娃

工作｜護理師、空服員

擅長語文

沒有所謂「該有的樣子」，
只有「你想成為的樣子」

從出生開始，每個孩子受到生活環境、照顧者觀念的影響，都被貼上了不同的性別標籤。當大家說男生、女生應該要有什麼樣子的時候，請停下來思考為什麼有這些要求？男女生的樣貌能不能自由發展呢？為什麼要被限制呢？

過度簡易的分類方式，忽略每個人具有的多元樣貌和獨有特質，就產生了所謂的「性別刻板印象」。如果我們放任性別刻板印象不管，就會進一步惡化成性別偏見與歧視。偏見是負面的看法、態度；歧視是對某一性別做出不公平的差別對待，進而引發不利的影響。

男生就要立志當大老闆！

媽媽做家事好辛苦，我要送高科技吸塵器給媽媽當母親節禮物。

那戶人家生了女寶寶，真是可惜。

諾貝爾物理獎由女生得獎真不簡單，克服女性不擅長理科的弱點。

男生是要出外打拼，女生照顧家庭。

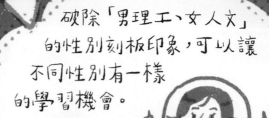

媽媽很開心收到禮物，不過家事是全家人的事，大家要一起完成！

破除「男理工、女人文」的性別刻板印象，可以讓不同性別有一樣的學習機會。

「前面的車隨便換車道，還忘記打方向燈，駕駛一定是女生！」這是許多駕駛人常有的評論，但仔細一看，真的都是女生嗎？還是先入為主的偏見呢？

在一般職場中，公司老闆認為女性員工較容易因家庭因素而離職或請長假，男性員工反而會因為家庭因素而更認真打拚，所以主管級職位就會以男性為優先。有不少隱藏在你我生活中的性別偏見，最後都可能造成不平等的對待。

因此，比起這個社會告訴你該有什麼樣子，更重要的是去傾聽自己內在的聲音：你想要成為什麼樣子？以及設身處地的尊重其他人的內在聲音。

照顧孩子也是立大志的好工作呢！

不，生男生女一樣好！

女生也可以出外打拚，在職場上有一番成就！

61

每個人都是獨一無二：
尊重多元、適性發展

每個人在世上都是獨一無二的，這些行為舉止、外表氣質，像是直來直往、不拘小節、熱愛冒險、體貼、感性、理智、勇敢、堅強、溫柔等，都有可能出現在男生或女生身上。我們不能規定男生、女生一定要對應某一種性別氣質，也不應該將性別氣質與職業或興趣畫上等號。譬如不能強迫女生「要細心溫柔，最好念文科、當老師或護理師」，也不能告訴男生「你們理智又勇敢，適合當醫生、工程師或科學家」。每個人都可以順從自己的喜好，有自信的依照自己喜歡的樣子成長、探索興趣、選擇職業，和喜歡的人互許終身、結成伴侶。即使一個人愛上相同性別的另一半，他們的愛也和異性戀並無分別。

Love is Love

在結婚典禮上,有情人終成眷屬的組合可以是「新郎和新郎」、「新郎和新娘」或「新娘和新娘」。而選擇自己生活,或是不受婚姻束縛的伴侶關係,也是人們的選項之一。大家都能決定自己想要的生活方式。但是,要打破性別不平等,首先一定要主動察覺社會中的不對等,設身處地為不利處境的人著想。

想想看,童話故事裡被拯救的對象永遠都是柔弱的公主,但女生哪有這麼遜?況且為什麼要逼迫男生一定要勇敢呢?畫面如果變成溫柔膽小的王子被惡龍綁架後,等待穿上盔甲的公主來拯救他,沒有問題且也很合理!

長久以來,社會文化所傳遞的刻板印象、偏見和歧視,都要經由大家的努力去扭轉,進而突破原有的性別框架,讓每個人因為自己的選擇感到舒服自在,讓社會走向更平等友善的生活環境。

你確定你沒有種族歧視嗎？

一到假日，臺灣各大車站大廳就會坐著許多人，有的聊天、有的休息。他們的樣貌、打扮、語言，都和臺灣人不太一樣。其實，這些人大多是來自於東南亞國家的勞動者和移民朋友。

為什麼要挑在車站大廳聚會？為什麼不去公園或餐廳呢？對於他們的集會，社會中有許多不友善的聲音，常有人抗議：「車站大廳是公共場所，外勞坐在地上吃喝聊天有礙觀瞻、也會造成髒亂。」

然而，真的是如此嗎？還是這是一般人對外籍勞工的偏見、刻板印象？有沒有可能換個角度想，他們這麼做的背後是否有特別的原因呢？

來臺灣生活，有幸福感嗎？

多數東南亞勞動者來到臺灣工作，都是希望透過更好的收入，改善家鄉親人的生活。但真相是很多移工的工時很長、休假天數很少，卻常常被仲介苛扣服務費，扣除生活中的各種費用，留下來的錢已所剩無幾。在沒有經費與時間之下，交通便利又能坐上一整天的車站大廳，就成了最佳選擇。

有人說：「一大群外勞坐在地上吃喝聊天很不好看。」這時，如果對象換成「來自歐美國家的朋友」，是不是反而覺得他們自由、隨性的生活態度，真令人羨慕呢？但其實，對待這兩者不同的預期心理和差別待遇，就是一種不平等。

遇到迷路的歐美白人朋友，會上前熱心幫忙。如果是遇到東南亞朋友，你還會有一樣的態度嗎？

別偷懶

東南亞民眾來到臺灣可能是遊玩、工作、結婚或求學，但臺灣社會在面對這群東南亞朋友時，卻是有意無意的以帶有歧視意味的稱呼來統稱他們，同時也常有不平等的對待方式。

當我們根據人種、膚色、族群、國籍等先天條件的不同，而認定某個群體在任何方面都比另一個群體低劣或優越，且伴隨不同的態度、行為、規定，這就是所謂的「種族主義」。另外，若是在還沒認識特定族群前，就先帶著厭惡、排斥的印象，那就是「種族偏見」。如果加重變成不合理或較糟糕的差別對待，就成了「種族歧視」。

原住民歧視而引發的悲劇
湯英伸事件

1986 年，18 歲的原住民青年湯英伸，離開南部家鄉到臺北打工，卻在工作 9 天後殺害了老闆一家三口。犯案後他前往警局投案，因殺人罪被判處死刑定讞，得年 19 歲，成為臺灣最年輕的死刑犯。這 9 天內到底發生了什麼事情？

原來他遭受仲介業者的欺騙與敲詐，原本應徵餐廳工作卻被轉介到洗衣店。老闆不但要他每天工作 17 個小時以上，還扣留他的身分證，讓他無法辭職，同時也未支付他應得的薪水，甚至沒收押金。更過分的是，在他任職期間經常辱罵他「番仔」！最後湯英伸忍無可忍，終於造成無可挽回的悲劇。

事實上，「番仔」是過去臺灣社會對原住民的常見泛稱，帶有「野蠻、未開化、不講道理」等非常明顯歧視意涵。當我們隨意將負面標籤貼在某個族群身上，造成的傷害其實很難彌補。除此之外，低薪、過勞、扣留證件等勞務剝削，都是當時原住民經常遇到的困境。

自湯英伸事件後，原住民權益及長期受歧視的議題才逐漸受到各界重視。但即使到了數十年後的今日，原住民、移工和新住民仍經常遭到各種歧視或「微歧視」的不平等待遇。

黑人的命也是命——「佛洛伊德之死」

2020 年 5 月，美國一名涉嫌使用偽鈔的非裔美國人喬治‧佛洛伊德（George Floyd），遭一名白人警察沙文（Derek Chauvin）以單膝壓頸超過 8 分鐘，儘管佛洛伊德不斷反應「我不能呼吸」，但員警對他的求救置之不理。最後，佛洛伊德失去知覺，送醫後宣告不治。目擊影片曝光後，反種族歧視示威活動「黑人的命也是命」（Black Lives Matter, BLM），從美國向全球擴散。

雖然佛洛伊德有錯在先，但罪不致死。警察會有執法過當的問題，可能是源自於社會長期對少數族裔的歧視。人們會用簡化過的資訊，變成某個種族的特徵，這就是所謂的「種族相貌」。種族相貌決定人們會被貼上什麼樣的標籤。「黑人都是罪犯」就是一種標籤，一旦被貼上這個負面標籤後，黑人的所有行為就會被放大檢視，認為黑人都是壞人。

BLM 淵源小教室

「黑人的命也是命」（Black Lives Matter, BLM）運動起於 2013 年。2012 年 2 月非裔美國人崔溫‧馬丁（Trayvon Martin）被槍殺；隔一年，開槍的巡邏員卻被判無罪，社群網路上遂發起主題標籤「#BlackLivesMatter」的運動。

而「佛洛伊德之死」，是美國自 1960 年代出現民權運動以來，最大規模的種族抗爭運動。最終，這場發展成全國性、甚至跨國性的社會運動，抗爭訴求的主軸也從原本的黑人人權，逐漸擴大為「反對各種種族歧視」。

所有人的命都是命

臺灣也曾發生類似的案例：2017 年 8 月 31 日，失聯的越南籍勞工阮國非，遭員警近距離連開 9 槍不治身亡。警方指控阿非疑似要偷車、拿石頭攻擊警方，甚至還想搶警車逃走。我們一起來想想：阿非的死是不是也是「種族相貌」造成的？如果今天阿非是一名普通的臺灣人，還會失去生命嗎？在阿非無法反抗、失血過多時，如果警方可以將他立即送醫，是不是就不會釀成後續的悲劇呢？

會對不同族群產生歧視與仇視，是因為不夠認識彼此。如果想讓社會變得更溫暖和諧，就要隨時反省自己是不是帶著偏見的眼光在對待和自己不同的人，提醒自己不要成為加深刻板印象的幫凶。像是不要看到東南亞女性就認為「她是幫傭」或是問「嫁來臺灣多久了」，她可能是來旅行、讀書、出差……有太多的可能性了！看到東南亞勞動者在車站大廳席地而坐時，想想他們也都有愛著他們的家人和朋友，等著他們回家團圓。他們和我們一樣，都有愛人與被愛的權利。

教育的意義何在？

你有想過為什麼要上學嗎？或許有人會回答「在家太無聊，想和朋友一起聊天玩耍」、「能學到自己不知道的知識」、「學校裡有喜歡的老師和同學」。除了這些答案，或許你也經常聽到大人這樣說：「好好用功讀書、考上好大學，才能找到好工作，創造美好的未來……」？

說到工作，你有想過自己長大後要從事什麼職業嗎？是想當老師、醫師，還是科學家、程式設計師，又或者是電腦工程師？而選擇這些工作的理由，是因為符合興趣、薪水不錯，還是覺得工作內容有趣？從事夢想中的工作，最基本的是具備足夠的專業知識和技能。透過上學，藉由各式各樣的課程，發掘潛在興趣、累積實作經驗，就有機會讓我們距離夢想越來越近。

想一想：
大人說的考上好大學，才能找到好工作，過上好日子，你覺得有道理嗎？如果考不上好大學，人生就一敗塗地了嗎？

我的未來不是夢？

即使是各種資訊極為流通、傳統守舊觀念也一一鬆動的現代社會，仍有許多人抱持著「高學歷＝好工作＝美好未來」的想法，因而會鼓勵孩子在學業上爭取好成績，未來才能較有機會找到薪資較高的白領工作，並過上相對優渥的生活。而這種想法常常也會影響到孩子，例如國語日報每年都會針對小學生進行的「兒少大未來」調查，結果發現小學生最不喜歡的職業常包含農夫、漁夫、保母、巡山員、建築業師傅（土木、泥水、水電）等感覺很辛苦或很危險、內容無聊或薪水低的工作。但事實上真是如此嗎？其實社會上有許多技術高超的職人或具專業技能的人才，他們的薪資和工作穩定度可能遠遠超過大家的想像。

這項調查也顯示多數人對於不同職業常存有先入為主的刻板印象，因而才會表露出明顯的喜好或排斥，這種偏見背後其實隱含「社會階層」的概念。「社會階層」指的就是社會依照每一個人所持有的財富、權力與聲望，劃分成高低不同的層級。

什麼是「社會階層」？

社會學家韋伯（Max Weber）提供了判斷社會階層的依據：財富（經濟地位）、權力（政治地位）、聲望（社會地位）。社會是由許多不同團體所組成，依團體中成員擁有的財富、權力、聲望，劃分社會階層。同階層的人享有的經濟條件和生活風格相似，但是不同階層之間會有明顯的差異。

社會階層是會流動的，分成垂直和水平流動，若以世代觀點來說可以分成代間（親子兩代間）和代內（個人生涯）流動，例如：農家子女成為大學教授屬於代間向上流動。

財富

解釋

薪水、存款、動產（如汽車）或不動產（如房子、土地）數量，也稱為「經濟資本」。

延伸或舉例

依所持有的經濟資本，可將社會階層區分為「富裕」、「中產階級」、「貧窮」。

權力

具有主導權、決策權，能發揮影響力，讓其他人聽命服從。

高權力者所屬社會階層較高，舉例：跨國公司的企業家除了坐擁財富外，也具有國際政經交流的影響力。

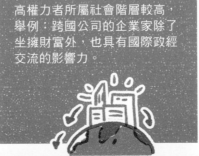

聲望

依其於團體中的地位、貢獻、榮譽而定，也與其職業的平均教育程度、平均收入有關。

高聲望者所屬社會階層較高，例如：醫師擁有高聲望，背負懸壺濟世的責任，必須歷經連續而漫長的專業養成過程，工作內容無法輕易被他人取代。

是教育翻轉了階級，
還是階級決定了教育？

很多人認為只要用功讀書，名校畢業後就可以得到高薪工作、累積財富，因而得以升級至較高的階級。然而一直辛苦生活在社會底層的人們，是因為偷懶不上進才造成這樣的結果嗎？事實的真相，並非如此簡單。

英國有部紀錄片《56UP》，自 1964 年開始選擇了 14 個來自不同階級的 7 歲孩子，進行為期 7 年一次的追蹤拍攝，從 7 歲開始，接著 14 歲、21 歲、28 歲……直到 56 歲為止，一連跟拍了 49 年，想了解孩子們所屬的階級會對他們造成什麼影響。

片中家境富裕的孩子，7 歲開始學讀《金融時報》、《泰晤士報》、《觀察家報》，認為自己長大後會進入知名大學，畢業後將從政或成為律師，而這一切童年預言也都如實成真。中產階級的孩子，大學畢業後當上公立學校老師或是公務員，繼續留在中產階級裡。其他來自貧困家庭的孩子，有人的願望是看到爸爸能吃飽，有人的夢想是到連鎖超市上班。長大後的他們，有人經常面臨失業問題，有人依賴救濟制度，而他們的子女甚少進入大學就讀，過著與他們相類似的人生。

為什麼才 7 歲就有讀報習慣、已經立志進名校、決定從政或當律師了呢？法國學者布爾迪厄（Pierre Bourdieu）把這稱作是家庭給予的「文化資本」（cultural capital），意思是說小孩從家庭開始學習，父母的言行舉止、生活習慣、興趣嗜好，會複製在孩子身上。舉例來說，有個誕生在富裕家庭的孩子，雙親都是名校畢業，於外商公司擔任高階主管，外語流利、有閱讀習慣、關注時事、上高級餐廳、聽古典樂、看美術展、出國旅行。在日常的耳濡目染下，這個孩子也會跟著父母做一樣的事，在學校裡他可以和同學分享寒暑假

到國外遊學的所見所聞。父母的朋友圈也大多是高收入、高聲望、高社會地位者，彼此可以交流訊息，提供升學或就業上的協助。父母為孩子安排的營隊、活動，也能讓孩子從中結識其他來自同階級的朋友，一起切磋功課。等他長大後，有很大的機率會跟父母過上差不多的人生，促成了階級優勢的再複製。

當資源有限時，地位越高的團體享有越多的社會資源，而地位越低的團體所分配到的資源卻是越加稀少。富裕家庭的孩子有不少來自身旁親友、鄰居的成功經驗，所接受的資訊較豐富多元。父母的教養方式鼓勵孩子勇敢冒險、發揮創造力，從小就確立了目標方向，努力增進自我優勢，進入名校的機會較大。然而，貧困家庭的孩子面臨家庭潛在的各種問題，例如收入不穩、三餐不繼，父母的教養方式強調紀律順從，比起計畫未來，更重要的是眼前的危機要怎麼解決，加上身旁缺乏模仿、提供建議的對象，平時也沒有機會參加課外活動、學習才藝，對他們來說，要不要念大學或是念哪一間大學，可能並不是最重要的事。

人人有書可念，不代表是真平等

雖然國中、國小是義務教育，每個孩子都必須要上學，人人有書可以念，外表看似公平，但卻不是真正的平等，教育不平等的現象從「出生」就開始了。2018 年國內學者研究指出富人小孩進頂大的機率是窮人的 6 倍，也就是說高社經家庭有充裕的能力把小孩送到資源豐富、學費便宜的公立大學、頂尖大學，但弱勢、清寒家庭的子女則有較高機率進入資源沒那麼豐富、學費偏昂貴的私立大學，甚至一畢業就得背負數十萬元的就學貸款。

《56UP》紀錄片結尾處，導演旁白：「看到小孩七歲時的樣子就可以刻劃出他們長大後的模樣」，意思是說來自中下階級的孩子，他們的起跑線遠遠落後於中上階級的孩子，從小就欠缺資源與協助，很難在學歷文憑的競爭中脫穎而出，想要向上流動不是件容易的事。在現在仍較強調「唯有讀書高」的社會風氣之下，教育政策及相關制度的設計，還是較有利於中下階級的孩子擠進知名學府。雖然說名校畢業不保證人生從此一帆風順，但高學歷的確能換取未來人生的更多機會。

《56UP》紀錄片中，唯一一位打破階級複製、向上層流動的孩子，父親是偏遠山村的農場主人，他以對科學的求知欲，積極探索知識，在知名大學物理系畢業後，成為一名大學教授。在他身上，我們看見教育帶來的希望，處境不利的孩子若能得到公平的教育機會，的確可以為人生帶來改變的契機，因此我們必須認真思考究竟要怎麼做才能扭轉教育資源落差的不平等現象，並藉由教育締造更多翻轉階級的成功案例。

撕下標籤，
讓大家有公平的起跑線

一個人在社會中的階級是高是低，不能直接歸咎於個人因素，而忽略了社會背景等眾多不平等，限制了某些人的發展空間。

我們身處的社會常為不同階級的人們貼上了各種標籤，認為某些人就是不愛念書、某種性別的數理能力比較差、某種族群的體育遠比學科表現好 ......。這些標籤都阻礙了個人的成長和發展，如果可以撕下標籤，將可以讓大家更有空間發揮自我潛能，更有機會透過教育脫離困境，取得更好的機會。

若你很幸運的得以在各方面條件都較佳的環境長大，也要學習同理他人的處境，明白自己獲得許多的資源是來自上一代的努力，身為制度中的得利者應學習放下偏見、善待他人、樂於共享資源，了解自己也有為社會奉獻的可能性。

此外，社會對於職業與生涯的想像，不應侷限在「頂大畢業保證不失業」、「讀○○科系保障高薪」的傳統框架中，教育現場必須肯定與認同多元價值。政府也需要確實理解不同學習需求與家庭環境的孩子，制定更貼近於現實面考量的教育政策，像是及早介入學前教育，讓學生越早享有機會平等的環境；改革技職教育，讓學生可以在合適的位置上發揮自我特質。

來自各方不同社經背景的孩子，都應擁有趨近於平等的生涯發展機會，這是整個社會應努力前進的方向。

人身自由是人權的起點？

大約在 1998 年 1 月 15 日晚間 9 點，有位李先生獨自行經臺北市重陽橋時，遇到警察臨檢，要求他出示證件。李先生沒有隨身攜帶證件而拒絕此項要求，警察強行搜索李先生身體，李先生一時氣憤以髒話辱罵警察而被移送法辦。最後法官認定李先生的行為觸犯《刑法》妨害公務罪，並對李先生判刑。

什麼是「比例原則」？

當行政行為限制人民基本權利時，可以檢視這個行為所要達成的目的，與所採行的手段之間有沒有符合比例原則。比例原則其實就是俗諺說的：「不用大砲打小鳥」、「殺雞焉用牛刀」。為了打樹上小鳥，拿出大砲來轟，結果把整棵樹都炸毀，手段造成的傷害遠大於想達到的目的，這就違反了比例原則。

比例原則包含三個子原則，三個都達到時才符合。以政府實施臨檢為例說明：

1. 適當性｜所採用的手段，雖會對人權產生限制，但確實有助於公益目的的實現。例如警察在路上遇到有犯罪之虞的行人實施臨檢，可以達到防止危害秩序的目的，符合適當性。

2. 必要性｜有助於達成公益目的的手段不只一個，應從中選擇對人權傷害最小的。例如警察可以盤查行人，但卻將他戴上手銬帶回警局，沒有使用侵害較小的手段，不符合必要性。

3. 衡量性｜採用手段所造成的傷害與所要達成的公益目的之間，應有合理的對應比例。例如警察在路上遇到行人起爭執，便拿警棍敲打致使他受傷，警方雖然想維持社會秩序，但是手段卻使行人傷害過大，不符合衡量性。

《憲法》保障我們的人身自由，人身自由又稱為「人身不可侵犯權」，是一切權利的基礎。如果人民連擁有身體活動的自由都沒有，又要如何確保其他的自由呢？《憲法》第 8 條規定若要逮捕拘禁人民，必須經過司法或警察機構依據法定程序才能進行。沒有依法定程序進行逮捕、拘禁、審問、處罰，人民可以拒絕。人身自由此項權利可以防止國家非法逮捕、拘禁，以及其他加諸在個人身上的強制行為。

案例中的李先生後來怎麼樣了呢？李先生的弟弟認為警察臨檢過程所依據的《警察勤務條例》，只有提到臨檢的定義，卻沒有明確說明警察在什麼情況下可以臨檢，也沒有規定可以用哪些方法對人民進行臨檢，這個行政行為不僅傷害了《憲法》所保障的人身自由，也違反了《憲法》所規定的比例原則，因此決定幫哥哥聲請釋憲。

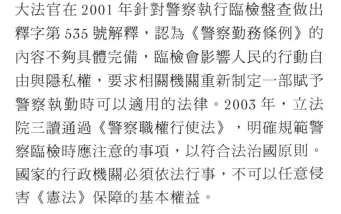

想一想：
李先生做錯了什麼？
警察在什麼情況下可以對民眾進行搜身？

大法官在 2001 年針對警察執行臨檢盤查做出釋字第 535 號解釋，認為《警察勤務條例》的內容不夠具體完備，臨檢會影響人民的行動自由與隱私權，要求相關機關重新制定一部賦予警察執勤時可以適用的法律。2003 年，立法院三讀通過《警察職權行使法》，明確規範警察臨檢時應注意的事項，以符合法治國原則。國家的行政機關必須依法行事，不可以任意侵害《憲法》保障的基本權益。

在什麼情況下，
政府可以限制人民的人身自由？

20 世紀初，來自愛爾蘭的移民瑪莉・馬龍（Mary Mallon）抵達美國紐約一帶，擔任上流家庭的廚師。身為無症狀帶原者，瑪莉在無意間造成數十人感染傷寒。消息傳開後，記者為瑪莉取了具有歧視意味的綽號：「傷寒瑪莉」（Typhoid Mary），這個綽號從此猶如夢魘般跟著瑪莉一輩子。

瑪莉後來被送至北兄弟島一處病院隔離。三年後，法庭以不能夠再當廚師作為條件，准許她重獲自由。可是，瑪莉卻沒有信守承諾，自認健康的她難以理解身為無症狀帶原者是怎麼一回事？為什麼她不能當廚師？於是，她改名為瑪莉・布朗（Mary Brown）重操舊業。幾年後被發現時，已經又導致數十人感染傷寒。瑪莉再次被關回隔離地，這回她付出的代價是從此失去自由，在隔離中度過餘生直至離世。

「隔離」這個做法剝奪了人民的人身自由，即使政府是以公共衛生與醫療健康作為考量，目的上具有公益性，但隔離一輩子這個作法是合理、正當的嗎？藉由瑪莉的故事，能讓我們思考生病的人要如何在社會中不遭受異樣眼光、不被貼上汙名標籤？為了兼顧公眾利益與病患的權利，有沒有其他更為妥當的做法呢？

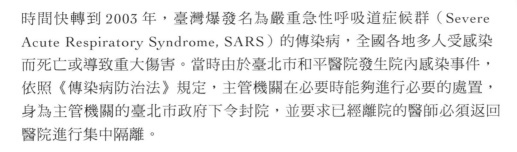

時間快轉到 2003 年，臺灣爆發名為嚴重急性呼吸道症候群（Severe Acute Respiratory Syndrome, SARS）的傳染病，全國各地多人受感染而死亡或導致重大傷害。當時由於臺北市和平醫院發生院內感染事件，依照《傳染病防治法》規定，主管機關在必要時能夠進行必要的處置，身為主管機關的臺北市政府下令封院，並要求已經離院的醫師必須返回醫院進行集中隔離。

有一位周醫師，在命令下達前已經離開和平醫院返回家中。當時臺灣未頒布居家隔離等措施，而世界衛生組織已提出疑似案例採居家隔離 10 天等要點，他翻成中文後傳給臺北市政府和媒體，並以專業判斷，認為當時政府沒有提出隔離相關規劃是錯誤又危險，回到醫院只是徒增交互感染的風險，因此決議與家人居家隔離。

後來這位醫生被臺北市政府衛生局處以罰鍰、記過、停業等處分。周醫師不服氣，主張政府沒有將強制隔離明文條列，他在用盡所有司法救濟途徑都失敗後，向大法官提出聲請釋憲。

終於在 2011 年，大法官做出釋字第 690 號解釋，認為《傳染病防治法》規定的必要處置應包含「強制隔離」，並說明強制隔離雖然剝奪了隔離者的人身自由，但目的是為了要杜絕傳染病蔓延、維護國民生命與身體健康，是為了保護重大公益所採取的合理必要手段。大法官說明由於法官不具醫療專業，是否需要隔離，或隔離時間應設定多久，都需要交由醫療主管機關來做評估與決定。最後，大法官指示應通盤檢討傳染病防治法制，若須隔離應有合理的隔離時間、程序、補償，以及告知人民權利救濟方式。

從前面的釋字第 535 號解釋到釋字第 690 號解釋，我們可以看見當法治國家要限制人民權利時，必須以立法機關制定出的法律作為依據，政府不能想怎樣就怎樣，必須讓人民知道限制的理由是什麼，而理由必須正當、為了公共利益著想，限制手段更不可以過當。當人們想要進行救濟的時候，也有管道或方法來表達不滿，好伸張自身的權益。

世界上的每個人，都享有人身自由的權利嗎？

試想當我們無法擁有人身自由時，會遭遇到什麼狀況？可能走在路上，迎面走來一位警察不向你說明理由，直接把你帶走、關押，省略法定偵查程序，也沒有公開、公正的審判過程，就把你定罪、判刑入獄，從此過著暗無天日的監禁生活。

是不是光想就覺得可怕呢？既然人身自由是如此基本且重要，那麼世界上每一個國家都有保障人民的人身自由嗎？答案是否定的。像是2022年伊朗的「頭巾革命」，抗議政府限制女性的人身自由，還有阿富汗塔利班政權限制女性不得任意出門、工作等。

有許多團隊冒著各種危險，在這些人權遭受嚴重迫害的地方蒐集相關資料，試圖為當地人民發聲，讓他們的處境得以被看見、獲得關注。像是國際非政府人權組織「人權觀察」（Human Rights Watch, HRW），或是非營利機構「自由之家」（Freedom House），每年都會針對國際人權問題進行調查和研究。從釋出的各項報告分析中，可以看到世界的各個角落裡仍發生著各式各樣人權受迫害的事件。

或許目前的你還無法扭轉局勢，但能藉著關心這些事件，並試圖找出能使力的地方，像是為他們的人權發聲，讓更多人關注到他們受到政府的迫害，藉此來凝聚更大力量，幫助他們能活得更自由與有尊嚴。

想一想：
「人權觀察」的創建人之一伯恩斯坦（Robert L. Bernstein）晚年受訪時，曾說道：「用恐懼統治人民，這不是一個偉大的國家。」你認同這句話嗎？為什麼？

什麼是言論自由？

「雖然我不同意你的觀點，但是我誓死捍衛你說話的權利。」這句名言出於英國作家霍爾（Evelyn Beatrice Hall），她在著作中歸納出法國思想家伏爾泰（Voltaire）的想法，而這句話被廣為流傳，成為捍衛言論自由的經典名言。

言論自由是指不受檢查和限制的表意自由。言論自由的另一個名稱叫做「表述自由」（freedom of expression），範圍不僅侷限言語充分表達意見的自由，也包括利用各式媒介來找尋、接受、傳遞訊息或想法的行動自由。言論自由是一項基本人權，不僅在《憲法》中明文規定，也同樣受到聯合國《世界人權宣言》和《公民與政治權利國際公約》的保障，也就是說不論是哪個國家的人民，都有發表意見的自由。

《世界人權宣言》第 19 條
人人有權享受主張、發表意見的自由；此項權利包括持有主張而不受干涉的自由，和通過任何媒介和國界尋求、接受和傳遞消息和思想的自由。

《中華民國憲法》第 11 條
人民有言論、講學、著作及出版之自由。

不過，言論自由的保障也會因時代、國家、地區而有所差異。有些國家的人民並未享有言論自由的權利，他們的言論自由常常會受到國家政策與法律的管控。臺灣解除戒嚴前，政府也曾長期高壓管控人民的言論自由。那是一個無法暢所欲言和盡情歌唱的年代，不開口表達意見，成為當時人們「求生存」的生存法則。

言論自由的管控案例

戒嚴時期的政府為了有效管控言論和思想，對於書籍、報刊、歌曲、戲劇等作品進行內容審查。若是被認為符合晦澀消極、煽情或是左翼思想等，就會被當局取締、處罰，出版者甚至因而入獄或失去性命。在政府的高壓監控下，人民不具有表達意見的自由。

創刊於 1949 年的雜誌《自由中國》，以宣揚言論自由為號召，隨著當時政府權力的擴張，開始批評政府施政，像是寫文章揭露政府弊端、反對學生閱讀三民主義、倡議籌組反對黨等，逐漸觸怒了執政者，最終導致創辦人雷震等人被逮捕和停刊的命運。

1963 年，臺灣新生報副刊舉辦了「理想夫人」、「理想丈夫」和「理想婚姻」等主題徵文比賽，獲得民眾迴響，更集結成冊出版。但是，卻被政府認為「沖淡民眾反攻大陸的士氣」，副刊總編童尚經後因文字獄被判處死刑。

1967 年，歌手謝雷唱的歌〈苦酒滿杯〉，被當時的政府認為「意象晦暗」而遭禁播，但歌曲已傳遍大街小巷，受到大家的歡迎。

1968 年，歌手趙莉莉主唱的一首歌〈天邊紅太陽〉，歌名中的「紅太陽」，被當時的政府認為會聯想到毛澤東，遭到禁止，當時唱片公司並未出版此曲。

言論自由很重要嗎？

對個人來說，有了言論自由能夠保障個人發展自我；而對整個社會而言，則是確保民主價值的必要條件。言論自由可以幫助人們充分表達想法、理念而實現自我，像是在自媒體興盛的時代，人人都可以成為 Youtuber，透過拍攝影片表達自己的看法，並且展現獨特的個人觀點或魅力。言論自由也可以幫助社會追求真理，言論的自由與開放，會讓各種真理和謬論並存，而真理會越辯越明，透過市場的自由競爭將可使真理脫穎而出。

對民主社會來說，言論自由更是不可或缺，因為言論自由可以確保人民「知的權利」，讓資訊更加流通，大眾便能夠在掌握充足資訊的情況下，交流彼此的意見和想法，更有利於做出較佳的決定。

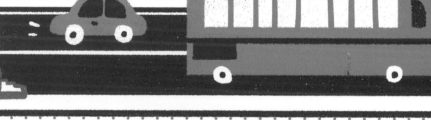

支持 B 陣營　　　　支持 A 陣營　　　　支持 A 陣營　　　　支持 A 陣營

我方主張四點長照政策……

第三點看來根本沒有配套措施！

完全無法執行啊！

第四點的對策，我方提的方案更優。

XXTV
15：13

在具有言論自由的國家中，通常也會讓媒體享有較完整的「新聞自由」，媒體可以在維護大眾「知的權利」的前提下報導真相，引導大眾討論議題，同時產生監督政府的效果。在民主社會中，許多新聞媒體常會帶著自己的立場和觀點，但這些想法都有機會受到檢驗、討論和辯論，不會因為「執政者不喜歡這種聲音」而被迫噤聲，這也就是言論自由的可貴之處。

有了言論自由，
想說什麼都可以？

日常生活中，大家討論事情出現不同的意見時，常常會聽到一種回應：「這是我的言論自由啊！你不能限制我表達意見的權利。」輕鬆敲下鍵盤的網友，在網路上發表言論可說是輕而易舉，網路上的匿名功能就像一件隱形斗篷，讓大家有如隱身般暢所欲言。但另一方面，也讓大量的假消息、錯誤資訊和惡意攻訐，充斥在你我的生活中。

在科技發達的年代，資訊流通快速，人們容易對各種事件產生立即反應，許多人時常在僅揭露部分事件資訊時，即開始評斷是非對錯，一不小心就濫用了言論自由。

像是在網路上的討論區，許多人原先並不是有意要傷害他人，甚至只是為了伸張心目中的正義而留下言論，卻因此讓自己成為「新的加害者」，進而釀成傷害與遺憾；另一方面，反對網路公審的聲音時常因較微弱而被逐漸掩蓋，使得受到網路言論攻擊的一方常常顯得孤立無援，承擔許多非理性的謾罵。

享受言論自由的同時，也必須承擔言論發表後的「責任」。我們必須了解並不是所有的言論都受到規範，有些言論遊走在灰色地帶，它可能存在偏見、歧視或嘲諷，即使沒有違反法律，卻仍可能傷害他人或是特定群體，身為公民得不斷思考——如何在實現自由的同時，也能尊重他人，不去排斥異己，這樣才能讓所有的人們和平共處。

什麼情況下，言論自由會受到限制？

言論自由並不是「我想說什麼都可以」，因為自由的基礎必須建立在不傷害他人和社會的前提之下。如果一個人的言論超越了界線，違反法律的規定時，行為人必須負起法律責任，也就是承擔犯罪的刑事責任、行政責任，或是負起民事的損害賠償責任。

像是在社群軟體上辱罵別人，使得許多人能夠看到這段辱罵的內容，即使只有少數人看得到這些內容，還是可能違反《刑法》的「公然侮辱罪」。另外，散布流行疫情謠言或不實訊息，且足以對公眾或他人產生損害，也可以依《傳染病防治法》處罰，最高可開罰新臺幣 300 萬元。事實上，在選舉、社會秩序、飛航、商業交易等領域也都有相關規定，希望能避免不肖人士以言論自由之名行傷害他人之實。

集會 vs 結社，
一樣還是不一樣？

在臺灣，有時經過總統府周邊，會看到許多人聚在一起手持標語、布條，有時還會身穿同樣的服裝，並呼喊「支持勞工權利」等口號。過了幾天後，換成另一群人聚集呼喊「反歧視、挺人權」。在這裡可以聽見各式各樣的聲音，對照街道上熙來攘往的車流和行人，兩群人雖然不太一樣，但大家都明白他們聚在一起是為了表達訴求與聲音。總統府前的集會抗爭，既是臺灣相當熟悉的街景，而另一方面也是臺灣作為亞洲重要民主國家的關鍵象徵，別具意義。

然而，人們為什麼可以走上街頭，自在表達自己的聲音？如果無法自由的集會結社，又會帶給我們什麼樣的影響呢？

事實上，民主國家為保障每個人的想法，讓想法能透過多元的方式呈現，因此有必要保障集會和結社自由。所謂的「集會自由」是指在公共場所或公眾得以出入的場所舉行會議、演說或其他聚眾活動，像是公民團體號召大家在西門町參加動物保護的推廣活動，或是候選人舉辦萬人造勢大會。而「結社自由」是指人民有共同的志趣或需要而組成團體，像是為了邁向更環保、健康和安全的生活方式，一群媽媽希望能用永續消費的概念來改善社會，因此組成了主婦聯盟來推動理念。

無論是集會或結社自由，都是要和別人一起合作來追求共同的目標，因此這兩種自由都是促使人民參與公共事務的重要管道，也是社會發展的過程中不可或缺的力量。因此，《中華民國憲法》、聯合國《世界人權宣言》和《公民與政治權利國際公約》皆有明文保障集會結社自由，只要不妨害國家安全、社會秩序，或是影響到個人權利的行使，集會結社自由都應受到保障。

《世界人權宣言》第 20 條

人人有權享有和平集會和結社的自由。
不得逼迫任何人隸屬於某一團體。

《公民與政治權利國際公約》第 21 條

和平集會之權利，應予確認。

《公民與政治權利國際公約》第 22 條

人人有自由結社之權利，包括為
保障其本身利益而組織及加入工
會之權利。

《中國民國憲法》第 14 條

人民有集會及結社之自由。

車輛慢行

為什麼集會結社自由如此重要？

1949 年 5 月 19 日，國民政府頒布了《戒嚴令》，臺灣進入戒嚴時期，政府並以《戒嚴令》為依據頒布了各項規定，大幅限縮人民的言論、集會、結社等自由與基本人權。人民的生活受到政府嚴密的控制，同時也嚴禁集會、結社和公開遊行。若是不遵守相關規定，運用各種方式表達和政府不一樣的聲音，便會依叛亂罪或其他罪名遭到逮捕拘禁並接受軍事審判。也就是說，戒嚴時期的臺灣社會為了避免人民號召群眾顛覆政府，只允許一種聲音存在，人民無法自由討論公共事務，更不能透過集會或結社等方式來表達訴求。

1987 年 7 月 15 日，臺灣終於解嚴，又經過許多年的努力，一步一步朝著民主化邁進，人們開始透過公開的集會遊行、社會運動表達聲音，各式各樣的社會團體也如雨後春筍般出現。當社會開始享有集會結社自由，民間能夠表達的聲音越來越多元，不僅促成了社會改革，也成為經濟發展的動力。

相較於戒嚴時期，生活在現今的自由民主社會，更與過去大不相同。如今，晚上可以隨心所欲的逛街、歡唱和聚會，不再受到宵禁的限制；小學生從小就能參加社團活動，與有相同興趣或理念的同好相處，表達意見並凝聚共識。長大後則可透過結社組成民間團體，蒐集大家的想法，讓更多人一起參與，表達共同的意見，除了可以更有效的達成團體目標，也可以監督政府，讓政府注意到人民的聲音，一步步改變原本的政策。例如現在廣為人知的《性別平等教育法》，就是在 2004 年由多個公民團體組成「性別平等教育法民間推動聯盟」共同推動，希望能從小教育孩子性別平等的觀念，並投入遊說和倡議行動，才讓法案順利通過。時至今日，這項法律持續影響大家的生活，像是學校的教學開始加入性別平等的觀念，也展開對教師們的師資培訓，逐漸化解對於性別的錯誤認知，大家就更能理解每個人的不同之處，也能開始慢慢減少校園中的性別偏見與歧視。

「玫瑰少年」葉永鋕
與性別平等教育法

屏東高樹國中的學生葉永鋕，從小就喜歡唱歌、玩家家酒，老師對葉永鋕的描述是細膩、善於觀察人。因為他擁有和其他男生「不一樣」的氣質，常常受到言語和肢體霸凌，同學會欺負他、笑他娘娘腔，上廁所還會搶他的褲子，導致他只敢下課前去廁所。

2000 年 4 月 20 號，葉永鋕在下課前 8 分鐘舉手向老師表示要去廁所，但是這一去，便再也沒有回來。在學校廁所中，葉永鋕被發現倒臥血泊裡，頭、鼻出血，外褲拉鍊沒有拉上，顱內受創嚴重，送醫急救後，宣告不治死亡。

根據法醫鑑定，他的死因是因為地面溼滑，不慎摔倒而造成意外死亡，但會有這樣的結果，許多人都認為和葉永鋕在學校所遭遇的暴力有關。性別平等教育的缺席，讓校園裡氣質不同的孩子感到恐懼，更形成了難以挽救的悲劇。

1999 年，教育部著手規劃《兩性平等教育法》草案，又由於 2000 年發生葉永鋕事件，促使政府的正視，該草案於是改名為《性別平等教育法》。

解嚴後，政府鬆綁了集會自由，人民可以透過集體行動表達意見，也能在公共場合舉行會議、演說，或是舉辦各種活動、相互交流。因此，人民為了同一個議題走上街頭，手持標語、呼喊口號，自由的表達意見並且和平落幕，成為臺灣人熟悉的日常。像是 1980 年代起的「原住民族正名運動」、「還我土地運動」、1988 年的「反核四大遊行」、1990 年的「野百合學運」、2010 年的「白玫瑰運動」、2014 年的「太陽花學運」，都是人民自發性的響應，透過集體行動所展現的力量，每一個行動都對臺灣的發展產生重大影響。

野百合學運與民主化的開端

1987 年，臺灣宣布解除戒嚴，結束了長達 38 年的戒嚴時期，社會正瀰漫著一股渴望自由民主的氛圍，面對當時從未改選的國民大會及自行立法延長任期等惡例，野百合學運揭開了臺灣民主化的序幕。

1990 年 3 月，臺灣各地的大學生紛紛到自由廣場靜坐，並提出「解散國民大會」、「廢除臨時條款」、「召開國是會議」與「政經改革時間表」四大訴求，靜坐活動逐漸發展成全國性的學運，又稱「三月學運」。參與學生也透過會議通過「野百合」成為這次學運的精神象徵，因為野百合象徵著自主性、草根性、生命力強、春天盛開、純潔和崇高等特性，符合學生響應這場學運的理想與價值。

這場大型的集會活動雖然進行不到十天，卻對臺灣民主化帶來正面的影響，促成政府廢除《動員戡亂時期臨時條款》，全面改選國會，也讓臺灣政治體制進入民主憲政的運作方式。

1990

反對獨裁　廢除國大

當集會自由影響社會秩序，應如何權衡？

《憲法》保障人民享有集會自由，不過人民在街頭集會遊行、示威行動傳達訴求，經常也會對附近居民、交通和商業活動造成不同程度的影響，因此政府常常會以社會秩序或公共利益為名，對集會遊行活動進行管制，像是遊行的地點原則上不可以在總統府、行政院、國際機場等地點舉辦；若要舉辦室外的集會要事先向政府提出申請。

但是，有些規定恐對集會自由帶來過多的限制，像是曾有人提出將「許可制」改為「報備制」。由於目前的許可制會讓政府有權力事先審查並決定人民能否舉辦，如此一來將限縮人民的權利，人民不一定能獲得允許在公共場合為特定議題發聲；有些贊成維持許可制的人，主張集會遊行可能會演變為暴力活動，事前許可制提供政府和集會負責人溝通討論的機會，雙方約定好應遵守的事項，避免後續衝突的發生。

能投票就等同民主？
民主就是服從多數？

打開電視新聞，可以看到立法委員正在質詢著政府官員，火藥味十足的討論國家的衛生政策、肉品進口等議題；過了幾天，還看到人民正在連署想要罷免立委的消息。大家在網路上唇槍舌戰，不用擔心表達意見會不會危及生命安全。到了選舉時，具投票權的公民也能到投票所投下神聖的一票，無須擔心做出決定之後會不會遭遇不測。

像臺灣等民主國家的公民，可以用選票幫政治人物打分數，讓他們能夠時時警惕。不過，每個人可以投票，就等同民主嗎？

有別於其他政治制度，民主最主要的特徵便是「每人一票，票票等值」。
也就是說，不分性別、種族、宗教或階級，每位公民都享有投票權，透過
這張選票可以選出總統、市長和立法委員，或是針對一個社會上存在爭議
的議題投下支持或反對的選票，例如應不應在中小學實施性別平等教育。

民主是什麼？需要具備哪些條件？

人民主權

國家主權屬於全國的人民，而不是少部
分的個人，而政府權力來自於人民的同
意，人民可以將部分決策權交給他們所
選出來的行政首長或民意代表。

政治平等

每位公民都有相同的機會參與政治決
策，每位公民所投的票在價值與分量上
都是相等的，也就是所謂的「一人一票、
票票等值」。

多數治理

「多數決」是民主政治運作的基本原
則，在選舉中獲得最多選票的候選人當
選；在立法機關討論議案時，主要也是
依據多數決做出決策。

責任政治

執政者必須對自己的施政表現負起政治
責任，若是政策不妥或違背民意，下次
選舉便難以連任；若是施政違法濫權，
也要負起法律責任。

δημοκρᾰτία

民主政治怎麼運作？

民主政治可依據公民參與國家政策法律的程度，分為「直接民主」和「間接民主」。世界上絕大多數的民主國家，主要採用效率較好、成本較低的間接民主，也就是「代議民主制」，由人民投票選出代議士（民意代表、行政首長），再由代議士代表人民決定各項國家的大小政策。為了彌補代議民主的不足，許多民主國家也會讓人民透過公民投票（直接民主），表達對政策支持或反對的聲音。

直接民主

公民大會

一起議決公共事務

2 : 1

間接民主

公民

投票

民意代表
行政首長

議決法律、執行政策

事實上，有些非民主國家也會舉辦選舉，讓人民投下一票，聲稱自己是民主國家。不過，這類選舉常常是處於「同額競選」的狀態，也就是說當某地區只有一位當選人的情況下，由主要政黨推派一位候選人參選，沒有其他競爭者，選舉本身不僅沒有競爭性，選民也沒有自由選擇的空間。對於這些國家來說，採用這種方式可以幫執政者「背書」，讓他們看似取得人民支持，藉此得到政權上的正當性。

即便在民主國家，每位公民都能進行「有意義的投票」，選出能代表人民意志的候選人，這樣的投票就能等同民主嗎？事實上，民主意義不是只有投票行為而已，因為每次選舉的公民投票，背後常有複雜的考量與偏好，不是單純的「選賢與能」而已，獲得最多選票的當選人也不代表就是最佳的選擇。例如選民把票投給甲候選人，可能是因為討厭乙候選人；或是因為最支持的乙候選人沒有希望當選，又不願看到丙候選人當選，於是把票改投給甲候選人。

理想的民主是期待公民在投票前理性討論候選人政見，好好評估候選人的人格特質；在選舉結果出爐後，不僅能接受選舉結果，尊重並容納少數意見，公民更要持續監督執政者，讓政府做出每項決策前，都不會忽視人民的聲音。「多數決」是民主政治運作的原則，但在決策過程中也要傾聽少數人民的聲音，以免淪為「多數暴力」，甚至對社會的多元聲音形成壓迫。就像是討論學校園遊會，班上要賣什麼東西時，雖然最多同學把票投給「烤肉串」，但是如果人手和設備充足的話，也可以考慮是否加賣其他同學建議的烤肉蛋吐司、飲料等產品。

臺灣雖已歷經多次政黨輪替，大家也在每次選舉中學習做出更好的決定。但是，公民們仍需要養成思考和討論的能力，才能讓民主真正的融入日常生活中。

民主是最好的制度嗎？

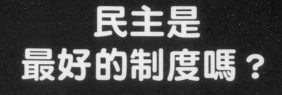

　　民主是當前世界的主流價值。身為臺灣人的你我，從小學習民主的遊戲規則，像是開班會一起討論班遊要去哪裡玩、投票表決選出班級幹部。我們相信民主可以讓大家表達意見，即使大家有不同想法，也有討論協商的空間。但是，民主真的是最好的制度嗎？用多數決的方式決定各種大小事務，真的沒問題嗎？

　　前英國首相邱吉爾（Winston Churchill）曾說：「民主是最壞的政府形式——除了其他所有不斷被試驗過的政府形式之外。」意思是說，雖然民主制度是最壞的形式，但是其他試驗過的制度更差。為什麼呢？民主常需要為了解決一件事，花費相當多的時間討論，見，需要不斷溝通、相互退的決策。但是，民主讓人的表現，並且能在發現公平公正的程序把他

而為了滿足大多數人的意讓，不見得能做出最好民可以定期檢驗執政者領導者不適任時，透過換掉。

總會有不適任的選民吧！
有必要每人一票嗎？

其實，有許多人質疑民主制度不該讓所有人都享有相同的選票。美國政治學者布倫南（Jason Brennan）主張以「知識菁英制」來取代現行的民主制度，他認為民主制度若要好好運作，每位投票者都需要具備討論議題的相關知識，像是在討論要不要廢除核能發電時，要充分了解核能的利弊影響；在討論健保費是否調漲時，要明瞭全民健康保險制度目前面臨的問題。如果不具備這些知識就做出決策，只會讓原本可以為社會做出最好、最正確決策的少數人喪失投票意願。因此，布倫南認為應該過濾「不適任、無知、不理性、不道德」的人，才能讓民主做出更好的決策。

你同意布倫南的看法嗎？還是你也擔心無知的人被排除後，他們的聲音將因為手中沒有選票而被社會忽視？政治知識的高低，和能不能選出合適的領導者真的有關係嗎？民主制度保障了人人平等，卻同時被質疑「多數人不一定是明智的」，這是生活在民主社會的我們值得思考的問題。民主不一定是最好的制度，卻是目前多數國家認為較為理想的制度。在知道上面各種民主的理想與難題後，你有沒有更認識民主的意義？從現在起，為了讓自己成為更好的公民，你會怎麼做呢？

想一想，這樣做真的比較好嗎？

知識菁英制可能的運作方式

1 取得投票權的資格

通過相關的公民知識測驗的人才可以享有投票權。

2 有能力者投更多票

公民展現了特定行為、通過某些測驗，或證實其政治能力與知識，就可以投更多票。

知識菁英否決權

通過嚴苛的能力測驗，足以顯示有足夠的社會科學、政治哲學知識背景的知識菁英，可以否決代議士惡意、不合理的政策。

在民主社會，人民如何表達意見？

2013 年，有位義務役士官洪仲丘在軍中服役時，疑似受到不合理的體罰而死亡，但是許多關鍵證據卻因為不明原因而消失，在網路論壇上引發熱烈的討論。後來，由 39 位互相不認識的網友組成公民團體，號召民眾穿著白衫參加街頭運動，在短短的時間內就透過網路集結了 25 萬人走上街頭，也促使政府進行一連串的修法，為軍中的人權問題帶來曙光。

近年來，為了提升國民的英語能力和國際競爭力，政府希望在 2030 年推動雙語國家政策，想要帶動全民學習英語的風氣，許多人民紛紛表達了不同的聲音。有些民眾向媒體投書表達支持的意見，他們認為這項政策可以幫助臺灣和國際接軌；也有學者舉辦論壇表達反對聲音，他們認為讓非英語科目老師使用英語教授專業知識，將弱化學科學習；也有人提倡，與其增加用英語上課的時間，倒不如思考如何塑造一個可以讓全民沉浸英語的環境。

如同前面兩個例子，在民主社會中，人們享有言論自由，可以在合理的範圍內，自由表達對公共事務的看法。因此，在面對各種公共議題時，公民透過多元的方式表達意見，讓政府意識到問題的重要性。當大眾關注的力量越大，不合理的現況及問題，就越有機會被改變。

公民發聲管道

除了走上街頭，人民還有許多管道能夠表達自己的聲音，像是投下選票選出理想的候選人、將自己對時事的評論投稿給媒體等。以下就來了解這些發聲管道吧！

選舉

透過選舉，由每位公民投下各自的一票，選出心目中較理想的公職人員，像是總統、縣市長或民意代表，再由這些當選者代替人民組成政府或監督政府表現。

臺灣每四年會投票一次，選舉新一任的總統和副總統，擔任國家的領導人。

罷免

罷免是讓人民監督政治人物的方式之一，被人民選舉出來的公職人員若表現不佳、違背民意，人民可以透過罷免決定公職人員是否解除職務。

臺灣人民曾提出高雄市長罷免案、立法委員罷免案，由人民投下「同意」或「不同意」票決定他們的去留。

投書

公民針對媒體報導，或是新聞時事的意見提出個人看法，並投稿給媒體，由媒體決定是否刊登。投書有助於大眾交流意見，讓大家看見多元的觀點。例如學生想對教育政策提出建議，於是寫信投稿給媒體，讓社會有更多討論。

遊說

遊說者對於政策有自己的主張，為了影響被遊說者（例如政府官員、民意代表），而直接向他們表達意見的行為。

像是董氏基金會曾架設菸害防制的主題網站，更和數十個民間團體合作遊說政府官員，最後成功促使《菸害防制法》通過。

連署

兩個人以上在同一份文件上簽名，表達自己認同並支持這份文件的提案。例如學校營養午餐的菜色和口味皆有待加強，小學生發起連署蒐集更多同學的聲音，希望廠商能夠檢討改進。

公民投票

社會大眾對於政策有很多不同的看法，就可以透過公投決定政策走向。像是高雄市教師會曾為了落實小班教學，提出「25 人小班制」公民投票，但因為投票率太低，這項公投案沒有通過。

示威遊行

指人民走上街頭示威，對特定議題表達意見，透過群眾的力量讓政府注意到人民的聲音。

在 COVID-19 疫情逐漸升溫時，法國政府規定必須擁有完整的疫苗接種證明，才能進入公共場所，但如此也影響到很多人的權利，引發上千人上街抗議這項政策。

網路參與

透過網際網路，人民可以在社群媒體發起連署、響應遊行，也可以到政府網站提案，表達自己對議題的看法，再由政府予以回應。

在臺灣，有網友到公共政策網路參與平臺提案「國高中上課時間改為早上 9:30 到下午 5:00」，有上萬人附議，因而讓政府回應這項提案。

瑞典女孩的氣候罷課行動

2018 年 6 月，瑞典有一位 15 歲女孩每週五到國會前靜坐，身旁放著一個標語寫著：「為氣候罷課」。這位女孩是桑柏格（Greta Thunberg），她不畏異樣眼光，選擇以行動表達自己的理念。她認為，學生長大的速度趕不上氣候變遷的速度，為什麼要為了會消失的未來讀書？因此，與其坐在教室內束手無策，她選擇採取行動。

桑柏格發起的行動名稱為「週五為未來而戰」（Fridays For Future），短短半年的時間就影響了全世界，包含澳洲、法國、加拿大、日本與臺灣在內的一百多個國家的學生，自主組織了大大小小的罷課行動。青少年對氣候變遷表達了憂慮與關心，希望政府可以展開具體作為，重視永續發展，也希望大家為下一代重新思考生活方式。

相較於其他表達意見的方式，罷課屬於「公民不服從」行動，也就是「公開的、非暴力的、既是按照良心的又是政治性的對抗法律」的行為，目的通常是為了使政府的法律或政策發生改變。這樣的行動，容易發生在政府違反法律、正義等價值，而人民用盡各種意見發聲管道，仍無法對政策帶來影響，進而採取的最後手段。因此，並不是任何情況都適合採取這種方式。如何在實踐行動時，喚醒大多數人的正義感，又不對社會帶來過多傷害，都是採取行動需要考量的地方。

可以發現在民主社會裡，有多元管道能表達意見，所以在一般日常生活中，就能練習成為更好的公民。不過，要如何運用這些管道，才能適當的發聲？若當權者在聽到人民的聲音後卻選擇不採納，一定是錯的嗎？這些提問，都值得我們認真想想看喔！

SKOLSTREJK FÖR KLIMATET

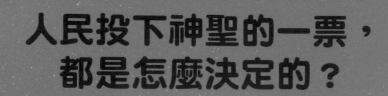

人民投下神聖的一票，都是怎麼決定的？

惠賜一票！

我支持他，因為他成功爭取到蓋捷運的經費。

我覺得他講話很好笑，選一個有趣的人也不錯！

我欣賞她，之前當立委就很照顧小市民的生活呢！

我對她不大了解，但是我支持她的政黨喔！

在民主社會中，無論是選舉、罷免或是公投，人民都有機會投下一票，但是人們常常有不同的喜好而做出不同選擇。究竟有哪些因素會影響到我們的選擇呢？

政黨認同

選民在心理上認為自己屬於某個政黨，基於這種認同感，他們會將選票投給這個政黨所推派的候選人。

政見取向

選民在投票前，會了解不同候選人對公共問題的看法，還會比較他們政見的差異和利弊。有時候，選民會因為單一政見而決定是否支持這位候選人。

候選人取向

選民在投票時，主要考慮的是對候選人的看法，候選人的品德、學識、形象和過往表現，都會影響選民對他們的偏好。

事實上，也有人主張選民本身的背景（像是種族、宗教、階級、職業等因素）也會影響到他們的投票行為。在美國，藍領工人傳統上會比較傾向支持民主黨，因為民主黨較關注勞工權益，也較願意提供社會福利。還有一種觀點則是站在成本效益的角度來分析，認為選民會判斷哪一個政黨或候選人能夠為他們帶來最大的利益，他們就會把選票投給帶來最多利益的一方。

由於不同的成長背景、生活經驗和教育方式，每個人對於同一件事情常常會有不同的看法。像是政府是否該保障勞工的最低薪資，身為老闆和勞工的想法就會很不一樣。有些人主張政府應該保障勞工，才能讓他們得到維持生活所必需的薪水，而不用另外加班或兼差；不過，也有人主張政府不應該加以介入，才可以讓市場自由的運作、達到最有效的狀態。這些看法沒有必然的對錯，因為看事情的角度不同，對於理想生活的理解當然也會不太一樣。

左派、右派是什麼？

常常有人會用「左派」或「右派」去形容一個政治人物或政黨的立場，那麼左派和右派的用詞從何而來？又各代表什麼意思？

左派、右派兩個詞彙，源自 18 世紀末的法國大革命。當時，法國的國民議會有一個主要任務，就是討論一套新的法律，決定國王究竟可以擁有多少權力。坐在國民議會主席左邊的人們較強調自由與人權，認為應該限制國王的權力；而坐在主席右邊的人們則主張應該維持國王的權力，也更加肯定傳統的重要性。這樣的座位關係被廣為流傳，逐漸成為人們理解政治主張的一種方式。當左派、右派來到現代社會，在政治和經濟上的觀點也會有所不同。

HP

左派

政治上　強調自由與人權價值
　　　　　較注重少數群體的權益

經濟上　追求平等和正義
　　　　　國家應適度介入市場
　　　　　支持高稅率、福利政策

我們應該調降投票年齡，
讓年輕世代透過選票表達自己的聲音。

愛沒有性別之分，我們主張同性婚姻
合法化，並給予同志組成家庭的權利。

政府應該調高稅率，
尤其有錢人應該繳更多的稅。

在不公平的起跑點上競爭，
只會帶來更多不公平。

我們認為政府應保障勞工及弱勢，
並且有提供社會福利的責任。

除了左派和右派的分別，也有許多人不傾向任何一方，選擇站在中間的立場，這些人被稱為「中間選民」，常常是各大政黨努力爭取支持的對象。有些人在政治上帶著左派（重視個人自由）觀點，但在經濟上卻比較認同右派（支持市場自由化）的觀點。

在臺灣，一般常以藍（中國國民黨）、綠（民主進步黨）兩大陣營作為區分政治立場的標準。兩大陣營除了對於兩岸局勢的立場有所不同，也有各自主力關心的議題。

事實上，這些立場和觀點都會不斷產生變化。身為民主社會中的一員，更重要的是詢問自己：是否能以開放態度和多方思考，來面對越來越多元且複雜的議題。

我們的社會運作良好，年輕世代不一定適合投票，貿然改變制度可能會有很大的風險。

維護一夫一妻的家庭倫理價值及傳統文化更重要，我們不支持同性婚姻合法化。

政府應該減稅，才能讓企業更願意投資，促進經濟發展。

政府不應該干預市場，讓個人和企業自由競爭，才會發揮最大效率。

我們認為政府的責任是維護人民的安全，不必過度介入人民的生活。

HP

右派

政治上	強調傳統、權威和秩序 較反對多元文化
經濟上	強調效率和發展 國家不應介入市場 反對高稅率及福利政策

大家的選擇都不同，
我們該如何看待？

上述對於「是否同意校園開放外食」的討論，人們的想法分歧，各自帶著有說服力的論點。當站在學生、家長、老師、學校等不同立場來思考這項議題時，也會帶出不同的看法。正因為民主社會重視每個人的聲音，人民又可以自在的表達意見，因此在民主社會的意見較為多元，也有許多討論的空間，在人們聽完不同角度的看法時，也有機會找到彼此的共識和平衡點。

了解和討論一個議題，常會花費不少心力和時間，我們常透過投票以多數決來進行決策，像是透過公民投票找到爭議議題的最佳方案，或是以審議式民主的方式讓大家在了解一個議題後深度討論，找出彼此對於議題的共識。

無論做出什麼決定，還有以下應該具備的態度：

關心它

養成關心時事的習慣，以「不偏食」的閱讀方式，多元蒐集資訊來源，讓自己有機會接觸到不同面向的觀點。

理解它

討論問題要以「事實」為基礎。態度上要尊重專業，但也不能盲從權威，對於各種觀點論述要保持懷疑，多方查證才能過濾來源不明的資訊。

尊重它

放下自己的立場，打開耳朵傾聽他人的想法，了解後可能會有不同的見解。更重要的是，你可以不同意別人的看法，但必須尊重每個人都有表達意見的自由。

思考它

經過思考與討論，將社會上各種重要的價值（如環保對上經濟）進行排序，思考過每種決策背後的代價，再做出決定。

已經制定好的法律會有問題嗎？

已經制定好的法律，還是會面臨挑戰，如果不合時宜仍持續執行，恐怕會衍生出更多社會問題，此時就得立刻做修正、調整。

舉例來說，《民法》自 1929 年制定、頒布、施行後，歷經 91 年，於 2020 年才修正關於成年年齡，以及女性最低的訂、結婚年齡規定。想一想，91 年前制定《民法》時，當年的時代風氣會像現在一樣強調性別平等、公民參與嗎？一起來看下面的對話，了解《民法》修正的時代因素吧！

 新聞說女生原本法定結婚年齡是 16 歲，2020 年 12 月 25 日立法院三讀修正《民法》，女生改成年滿 18 歲才可以結婚。

 這次修法不只是將女生的法定結婚年齡改成和男生一樣都是 18 歲，就連成年年齡也從 20 歲下修為 18 歲呢！

 為什麼會有這些修正啊？不同年齡有不同涵義嗎？

 聯合國《兒童權利公約》將兒童定義為未滿 18 歲的人。原定女性結婚年齡 16 歲，是對女性的歧視，除了有認同童婚的疑慮，太早結婚也會剝奪女生接受教育或其他發展的可能性。修法後，男女訂婚年齡皆為 17 歲，結婚年齡均為 18 歲，是性別平等的展現啊。

 至於成年年齡下修，是因為《民法》成年年齡原訂為 20 歲，與《刑法》的責任年齡訂為 18 歲有落差，才會修法統一為 18 歲。

 成年年齡下修為 18 歲，也帶有鼓勵青年積極參與公共事務的期待呀！

 原來如此，我們懂了！

法治國家應與時俱進

現代民主政治常以代議民主的形式運行，人民透過定期選舉產出代議士組成立法機關，並給予立法機關制定法律的權力，舉凡國家機關、統治者與人民都要遵守法律。當人民不在乎代議士制定了哪些法律，或是不知道制定這些法律是為了達成什麼目的，甚至不清楚政府有沒有遵守法律，那麼國家的民主制度就會變得岌岌可危。

在人治國家，伴君如伴虎，沒有一定的法律標準，全憑統治者的意思與喜好來統治國家。而法治國家的法律是由人民選出的代議士共同決定，人民不再是被動的接受法律，而是能主動審視法律規範與人民權利間的相互影響。這是民主精神的實踐，法律不光是拿來約束人民，更是用來防止政府濫權，促使人民權利能夠獲得保障。

也就是說在法治國家，行政機關得依法規劃與執行，司法機關則依法獨立審判、不受外力干涉。如果政府違反了法律，人民可以透過法律程序要求政府停止並回復人民應有的權利。

「法律不受當日風向影響，但將受到時代風氣影響。」
(We must not be guided by the weather of the day, but by the climate of the era.)
——美國法學家露絲・拜德・金斯伯格（*Ruth Bader Ginsburg*）

意思是社會價值觀念的改變會帶動社會規範的變遷，而法律要能夠適應社會的多元與變遷。

治亂世用重典有效嗎？

俗話說：「治亂世用重典」，意思是說「想要整治混亂的社會，必須使用嚴刑峻罰」，你認為這句話有道理嗎？可以用生活中發生的事加以思考：考試作弊是不誠實的行為，校規規定作弊者要記大過，但作弊事件仍時有所聞，你認為加重處罰就能防止作弊行為嗎？如果校規改成作弊者必須轉學，那這個處罰合理嗎？如果處罰過重（如轉學），和要維護的目的（如考試公平性），兩者之間無法達到衡平性，這就會是個不適當的處罰。

回到社會面來討論，假使透過重罰嚇阻犯罪真的有效，就不會有治安不良的社會了，一味的加重處罰未必能解決問題，必須先了解是什麼原因導致社會的失序，針對問題對症下藥。舉個例子，連年饑荒導致民不聊生，有人民忍受不住飢餓，違法偷取或爭搶食物，此時即使祭出重罰：竊盜、搶奪食物者處以死刑，仍舊有人鋌而走險。對執政者而言，最重要的不是如何處罰人民，而是要怎麼做才能解決民生困頓，讓人民有飯吃。當人民豐衣足食時，自然就會大幅減少竊盜、搶奪食物的事件。

法律是萬靈丹？

法律並非萬能，我們必須認知法律的有限性，並持續以教育或其他配套政策減少違法行為。舉例來說，2021 年 11 月立法院三讀通過《跟蹤騷擾防制法》，明定「跟蹤騷擾，是對特定被害人反覆或持續為違反其意願，且與性或性別有關之八大類行為，使心生畏怖，足以影響日常生活或社會活動。」對於此法，現仍有不少疑慮，例如：「跟蹤騷擾的行為五花八門，只用八種樣態界定不夠吧！」「如果是發生在社群網站，在匿名或假帳號的情況下，被害人要如何蒐集證據，證明對方反覆或持續跟蹤騷擾呢？」

從上述爭議可以看出法律執行後可能會面臨的難題，未來也有不小的機率須再針對法條作檢視修正，這些都顯示出了法律的有限性。可喜的是，《跟蹤騷擾防制法》是立法過程中重要的里程碑，保護的對象涵蓋所有性別、性傾向、性別認同的人，是性平之路往前邁進的展現，除讓人民的生活安全有所保障，亦使社會重視此一問題。落實性別暴力防制，須奠基於法律規範，並輔以情感教育、性別平等教育，像是懂得尊重對方意願，了解親密關係的界線，不做出傷害對方與自己的行為，以作為法律的補強。

國家負責的行政，
有寫在法律上嗎？

很久以前曾有一位名為黃志家的小朋友，因被同學嘲笑叫他「黃指甲」，爸爸到戶政事務所幫他申請改名，戶政機關卻引用內政部函釋「姓名不雅，不能以讀音會意擴大解釋」，拒絕受理改名申請。什麼！不想叫黃志家，還要經過戶政機關同意？你認同戶政機關的說法與做法嗎？想改名的黃志家，該怎麼為自己爭取權益呢？

※ 黃志家小朋友爭取改名的後續，請見第 120 頁。

行政法與人民的關係

人的一生從搖籃到墳墓，各類生活型態都與行政法息息相關：

辦理出生登記：《戶籍法》

如果沒有依據規定幫新生兒辦理出生登記就會變成幽靈人口，無法享受國家醫療、教育等各項資源。

取用中文姓名：《姓名條例》

辦理戶籍登記時的姓名為本名，此後便以此姓名行走天下。可是，假設長大後不喜歡自己的名字，更改方式與次數限制等規定，都寫在《姓名條例》裡。

接受國民教育：《國民教育法》

6 ～ 15 歲適齡國民會被國家「強迫」入學讀書。受教權是權利也是義務，如果孩子應入學卻沒有任何原因或理由而未入學，父母或監護人可是要負起法律責任的。

強制加入健保：《全民健康保險法》

健保於 1995 年開始實施，是強制性的社會保險，藉由自助、互助的精神，讓民眾獲得完善的就醫保障。回溯沒有健保的年代，看醫生的花費不是人人都能負擔得起。

《姓名條例》是一種行政法規，有關改名的規定都寫在這裡頭。由於我們和人群一起在社會中生活，為確保各項公共事務能順利運作，便交由政府負責管理，這就是國家行政的概念。

國家負責的行政事務，涵蓋了我們從出生到死亡的各種生活型態，行政法不是單一一部法典，國家行政所適用的一切法規泛稱為「行政法」，像是父母必須為新生兒命名、辦理出生登記、申請健保投保，滿六歲收到入學通知單要進入小學就讀，走在路上需要遵守交通規則，滿十八歲才可以考駕照……這些生活中的大小事，都屬於行政法的範疇，代表政府執行公權力的公務人員受到行政法的規範，每一項管制措施背後都存有公益目的，為的是讓人民能過上便利且有保障的生活。

遵守用路規則：《道路交通管理處罰條例》

行人或駕駛都要遵守交通規則，才能確保我們的用路安全與交通秩序。像是汽機車行經行人穿越道，若沒有停下來讓行人先行通過，將會被處以罰鍰。

勞動條件最低標準：《勞動基準法》

我今年 10 歲，可以打工嗎？擔心遇到壞老闆，工時長、薪水低又沒休假，怎麼辦？想知道有哪些基本的勞動權益，就查詢《勞動基準法》吧！

維護安寧秩序：《社會秩序維護法》

如果有人違反公共秩序與社會安寧，就適用於本法。像是未以工具或設備偷窺別人洗澡；於家門前飼養大型犬，卻沒有使用嘴套，也沒有圈綁，放任大型犬飛撲狂奔，影響鄰居安全等。

提供安養照護：《老人福利法》

人人都會變老，盼望辛苦勞累了大半輩子得以有尊嚴的安享晚年。從《老人福利法》中，你可以看到國家為 65 歲以上的老人提供的服務與照顧。

國家的行政行為，會對人民權益造成什麼影響？

國家的行政行為應保障人民權益，但有時也會因為某些管制手段而對人民權益造成傷害。舉例來說，臺灣在 1987 年 7 月 15 日前因處於戒嚴時期，警察可以依據《違警罰法》第 66 條第 1 項規定「奇裝異服，有礙風化者」，取締留長髮的男生、穿短裙的女生。

《違警罰法》授予警察對違法民眾裁決拘留、罰役的權力，立法當下的時空背景強調社會秩序的安定、重視員警的執法效能，卻欠缺對人權價值的重視，侵害人民受《憲法》保障的人身自由，更何況要如何認定「奇裝異服，有礙風化」呢？每個人對外貌服儀的感受又不見得一樣。其後歷經大法官釋字第 166 號與 251 號解釋，兩度宣告違憲，該法才在 1991 年廢止，由《社會秩序維護法》所取代。

取代《違警罰法》的《社會秩序維護法》又是什麼呢？在日常生活中，有時會出現民眾做出對旁人產生干擾的行為，像是有人半夜不睡覺，拿出藍芽麥克風在屋頂上歡唱，讓街坊鄰居大呼忍無可忍！這類違法行為所造成的危害，還沒有嚴重到被視為觸犯《刑法》※的犯罪行為，也還不需要動用刑罰嚴加懲治，但站在國家行政的角度，為了維護公眾權益不能坐視不管，因此國家訂定了《社會秩序維護法》規範人民的權利義務，並讓政府在處置這些輕微的犯法行為時能有所依循。如此一來，政府機關在面對人民的違法行為時，到底要適用《刑法》還是行政法，便可依據情節要件與法律規定來做處理，大眾的權益也有了更為明確的保障。

※《刑法》具有最後手段性，也就是說當民事賠償、行政處罰都無法阻止該項違法行為時，最後才會派《刑法》上場。這是因為違反《刑法》將構成犯罪行為，刑罰的處罰種類，例如：死刑、無期徒刑、有期徒刑等，對人民權益的傷害甚大，千萬要謙抑為之、不能不謹慎。

怎麼判斷代表國家行使權力的人是不是對的呢？

在面對政府的管制措施時，要先想一想這項對人民基本權利產生限制的規定，背後是否具備足夠正當的理由？接著再思考該措施所採用的手段，對人權造成的傷害與期望實現的目的之間，是不是有符合比例原則？例如戒嚴時期執政者為維護良善的社會風俗與安寧秩序（期望實現的目的），當出現違警事件時，代表行政權的警察可逕行裁決拘留、罰役（手段侵害民眾人身自由權），而非交由代表司法權的法院來做裁定（行政權侵及司法權），明顯是個違反比例原則、破壞法治制度的設計。

再舉另一個例子，為因應國內 COVID-19 疫情持續嚴峻，2021 年 5 月 19 日中央流行疫情指揮中心宣布全國疫情警戒升至第三級，對我們日常活動制定了不少限制，相關防疫措施像是外出時全程佩戴口罩並配合實聯制、除可開放營業場所外，停止室內 5 人以上、室外 10 人以上之聚會、全面禁止在營業場所內餐飲，僅得提供外帶或外送服務等。這些規定影響了人民的自由權、隱私權，如果人民違反的話將會依據《傳染病防治法》（也是一種行政法規）進行開罰。我們又要怎麼判斷這些措施及代表國家行使權力的人是不是對的呢？

簡單介紹幾個檢視方式，我們可以想一想：

Q1 為什麼要做這些限制人民權益的規定？原因合理正當嗎？

Q2 有法律授權行政機關可以做這些限制嗎？

Q3 行政機關的行為有嚴格遵守法律規定嗎？

Q5 行政機關的行為是不是有符合平等原則？

Q4 行政機關的行為是不是有符合比例原則？

人民權益受國家行政行為侵害時應如何救濟？

如果國家的行政行為侵害了人民權益，人民又該怎麼辦呢？我們一起來看前面提到的黃志家小朋友改名故事完整版，認識司法救濟的相關途徑。

1993 年，住在嘉義縣水上鄉有個叫做黃志成的 10 歲小朋友，由於同村有位同名同姓者，家長便幫他改名為黃志家，沒想到卻遭同學嘲笑戲稱為黃指甲，父親再次到戶政機關幫兒子申請改名，當時的《姓名條例》第 6 條第 1 項第 6 款規定：「命名文字如果因為字義粗俗不雅，或有特殊原因，要經主管機關認定，才可申請改名。」主管機關為戶政機關，引用內政部函釋：「姓名不雅，不能以讀音會意擴大解釋」，也就是說姓名不雅是指字面上的含義而不是讀音，拒絕了黃爸爸的改名申請。

黃爸爸不放棄，歷經訴願、再訴願（再訴願制度現已被廢除）、行政訴訟後提出大法官釋憲聲請，最終大法官作成釋字第 399 號解釋：「姓名權為人格權之一種，人之姓名為其人格之表現，故如何命名為人民之自由」，大法官認為姓名權受《憲法》所保障，讀音所衍生的意思不雅，可以申請改名。後來《姓名條例》修法，依現行規定，人民一生可有「3 次」改名機會，讓人民有更大的命名空間。

當人民向行政機關爭取權利或是不服行政機關的行政行為時，此時國家應提供救濟制度，才能讓權利得以伸張。黃爸爸所採用的訴願、行政訴訟，便是行政救濟的管道。當人民提起行政訴訟敗訴確定後，已窮盡一切救濟途徑，便可以聲請大法官判斷該項行政行為是否違憲。

為什麼有人稱法官為「恐龍法官」？

「殺童免死？恐龍法官：被告未泯滅人性」，看到這樣的新聞標題時，是否覺得氣憤失望，感嘆司法不公？在資訊爆炸的世代，媒體常以聳動標題來吸引觀眾的目光，下標可能是斷章取義的結果。眼見不一定為憑、有圖不見得有真相，關注社會事件的同時，也要強化媒體識讀的能力，多方查證不同資訊來源，才能做進一步的思考判斷。

「恐龍法官」一詞是從 2010 年「白玫瑰運動」開始廣為人知，這是一場要求汰換未能在性侵案件中維護兒童人權的不適任法官而發起的大型抗議遊行，後來就被沿用形容部分法官宛如生在恐龍時代，食古不化、沒有同理心，做出的判決和人民的期待有落差，讓人民覺得「不知民間疾苦」、「不食人間煙火」。然而，職業法律人員和一般民眾之間存在認知落差，對於司法的認識和期待不同，才會出現民眾不理解法官判決，進而不信任法官的現象。

雖然有些案件的判決確實讓多數人難以接受，但是司法設計了救濟途徑，可以降低不公不義的事情發生。以「恐龍」來形容法官，很容易以偏概全，造成大眾對全體法官的偏見。我們不能以某些案例來論斷所有法官的作為，也不能要求法官的判決必須符合社會期待，況且符合社會期待的判決也不見得就是合理正確。身為現代公民，需要學習尊重專業，而非盲目跟風、謾罵，當看到與社會大眾期待不同的判決時，先問問自己有認真查閱過判決書嗎？有理解案件的前因後果嗎？有弄清楚法官會這樣判的理由嗎？如果做了這些功課後，發現真的有不合理的地方，再來批評才可以站得住腳。

法官的處事原則、審判經驗、生活歷練、年代思維、是否具備其他領域的專業知識等，這些因素會不會對判決產生影響？其實，法官的培育養成極為不易，我們能要求的是法官的道德操守與專業倫理必須禁得起檢視。當媒體又以聳動標題混淆視聽時，除了期勉自己多方查證，也希望司法單位能第一時間澄清說明，強化司法與人民間的溝通對話，以助提升人民對於司法的信任。

有罪還是無罪？
法官如何作出判決？

「在刑事判決上，被告未經審判證明有罪確定前，推定其為無罪。」這是說法官審判須秉持「無罪推定原則」，若是一開始就認定被告有罪，在有罪推定的前提下，不管被告在法庭上做任何解釋都會被視為狡辯，跳進黃河也洗不清。

基於無罪推定原則，被告不需要證明自己的清白，檢察官應使用合法的手段調查、取得證據，讓立場公正的法官依據證據與當事人的說法，去判斷推理出事實，並以此事實適用法律作出判決。法官的判決必須要符合一般人的常識跟邏輯，且在判決書中詳細說明推理過程。假使證據無法說服法官確信被告有犯罪，或是根本無法可罰，法官就該判無罪，也就是說，法官只能依據法律及證據來做出判決，沒有義務依據社會大眾的期待來做決定。當然，針對判決不服而想向法院爭執時，原則上當事人可以提起上訴加以救濟。

人民可以跟法官一起參與審判嗎？

　　法律是維護社會正義的最後一道防線，如果人民與司法之間對於「什麼樣的判決才叫正義」存有不同看法，想盡辦法增進對話機會、消弭雙方歧見是法治國家應該努力的方向。

　　為了降低人民對司法的質疑，2023 年在臺灣開始啟動「國民法官」制度，來自各行各業的我國國民一旦年滿 23 歲，都有可能被選任為國民法官。國民與法官共同參與刑事審判，一方面可以多方聽取來自各性別、職業、年齡層、社會階級的意見，反映民眾的法律情感與期待，另方面也可以發揮法治教育功能，讓民眾了解法官審判時的思考脈絡、認識法律原則及程序上的規定，藉由雙向互動提升司法透明度、增進人民對司法的信任。

　　而臺灣的國民法官，能參與以下案件的審判：
◆最輕本刑 10 年以上有期徒刑之罪（如強盜強制性交）
◆ 故意犯罪因而發生死亡結果之罪（如酒駕致死）
◆除外：少年刑事案件與毒品危害防制條例案件

生在法治國家的可貴之處，在於從小即可自在的交換意見、監督政府各機關是不是有確實做到依法行政、依法審判，因此，養成關心公共事務的習慣、聆聽理解不同立場的聲音，在成長的過程中，透過理性思辨的方式，逐步建立自己的想法與價值觀，是每個人生命中相當重要的事。

PART 4
Think, Action & Future

- **平等篇**（以性別平權為例）
- **自由篇**
- **民主篇**（以投票為例）
- **法治篇**
- **永續篇**（以第 12 項目標為例）

男女廁所符號為什麼長這樣？

輪到你探索囉！

Q1 性別友善廁所是什麼？為什麼要設置性別友善廁所呢？

___

Q2 家裡附近的社區、學校或公園有設置性別友善廁所嗎？請實地觀察性別友善廁所和一般廁所有什麼不同？性別友善廁所的設計大不相同，你比較喜歡哪一種設計呢？為什麼？

聽聽大家怎麼說！

 性別友善廁所（all gender restroom）又稱為「無性別廁所（unisex restroom）」，是指無論使用者的生理性別或心理性別，都能夠方便使用的廁所。

 那為什麼要設置性別友善廁所啊？

 我跟家人到其他國家旅遊時，總是看到女生在排隊，性別友善廁所可以改善女廁大排長龍的問題，提高廁所的使用率，也可以讓照顧者和被照顧者即使因為性別不同（像是爸爸帶女兒上廁所、女兒帶年邁父親上廁所等狀況）也可以安心如廁。

 還有一個原因是，性別友善廁所可以讓非傳統性別特質者（指生理性別與社會刻板印象不一致）不用擔心他人的眼光，安心自在的上廁所。

 沒錯，性別友善廁所已經推動多年，許多國家都有設置。2015年美國歐巴馬總統推動性別中立廁所，在白宮設置「中性廁所」（Gender Neutral Restroom），保護多元性別族群的權利。

Q3 1995 年聯合國第 4 屆世界婦女會議通過「北京行動宣言」，正式以「性別主流化」作為各國達成性別平等之全球性策略，希望政府的計畫與法律能納入性別觀點，確保不同性別平等獲取享有參與社會、公共事務及資源取得之機會，最終達到實質性別平等。而性別友善廁所是落實性別主流化的一種作法，請蒐集資料看看還有哪些計畫、政策或措施符合性別主流化的概念呢？

2016 年加拿大的年度盛事「加拿大國家博覽會」為了打造性別友善通用廁所，以一半男性一半女性的人形圖案標示，「我們不在意」（We Don't Care）標示牌的意思是「我們不在意您使用哪間廁所」，希望打造具有平權意涵的性別友善廁所。

那臺灣也有性別友善廁所嗎？

有的，為了讓公廁設計更注重隱私、減少性別刻板印象，我們國家已設置了不少性別友善廁所。截至 2022 年底統計，每 100 所學校中就有 8 所設置性別友善廁所。

在臺灣，大家會注意到公廁不夠友善，主要是 1996 年一群大學生發起搶攻男廁和尿尿比賽行動，讓大家注意到女廁不足的問題。搶攻男廁是希望在女廁數量不足時可以彈性使用男廁；尿尿比賽則是訴求男女廁比例的分配應考量男女性的如廁時間，而不是 1：1 的配置。

2000 年 4 月 20 日，發生玫瑰少年葉永鋕在學校廁所意外死亡事件，大眾開始重視性別平等教育。再加上國內學者持續倡議公廁性別不友善的問題，大學、中小學、民間機構開始試辦性別友善廁所。

我記得玫瑰少年的性別氣質比較陰柔，常被同學欺負，不敢在下課時去上廁所。如果我是葉永鋕，連上廁所都感到不安，怎麼有辦法好好學習？

所以現在臺灣的性別友善廁所希望能克服這些問題。按照教育部的規定，性別友善廁所需符合四項條件，包括：
1. 各種便器都有完整隔間。
2. 廁所外須有完整概念說明。
3. 比以往更明亮、安全、友善與彈性的整體設計。
4. 要架設安全設備，來提升隱私性與安全性。

傳統男廁的小便斗之間常常只有一小塊隔板，有時候連隔板都沒有，上廁所很容易被看到，但身為男生又好像應該學習接受它，並且將它視為理所當然？我覺得性別友善廁所的隔間設計可以增加隱私性，上廁所更自在！

 我覺得男生不用把「上廁所容易被看到」當作正常的事，因為原本的設計讓男生使用隱蔽性較低的小便斗，讓男生必須表現得大方不扭捏，也塑造了「男生不重視隱私」的刻板印象。

 不過還是有許多人對性別友善廁所抱持不同看法，像是在廁所遇到異性會感到不自在、上廁所的聲音被異性聽到覺得尷尬。

 男女共廁的設計，會不會讓人比較缺乏防備心？例如之前只要生理男性出現在女廁，就會讓人特別留心，但在性別友善廁所就無法判斷異性出現的原因。

 我覺得可能是大家還停留在之前上廁所的性別文化，需要一點時間熟悉。仔細想想，有很多地方早就設置中性廁所，像是餐廳、火車或是親子廁所等，如果大家並不排斥，那為什麼覺得性別友善廁所比較讓人沒有安全感呢？

 既然生活在同一個社會，我們就要想想性別友善廁所對於不同利害關係人帶來的影響，如果它讓不同性別及使用者感到更方便舒適，我認為這項政策就有延續的價值。

為了緬懷葉永鋕事件，屏東高樹國中於 2021 年將男廁用「玫瑰」為入口標誌，而女廁則放「大樹」為標誌，象徵「不論性別，都能像玫瑰一樣美麗溫柔，像大樹一樣強壯被依靠」。

有種自由叫「在走廊上奔跑」？

輪到你探索囉！

Q1 你覺得學生有沒有「在走廊奔跑」的自由？為什麼？

Q2 你覺得人們有沒有「說出歧視言論」的自由？為什麼？

Q3 我們有言論自由，但是不能幫同學亂取綽號；我們有成立社團的自由，但是不能組成專門做壞事的社團；我們有行動自由，但是沒有霸凌同學的自由。你認為在哪些情況下，無法主張「我們有○○自由」？為什麼這些自由會受到限制？

情況	無法主張的原因

聽聽大家怎麼說！

我認為自由是每個人與生俱來的權利，因此每個人的自由是神聖不可侵犯的。

我同意人類確實應該享有自由和平等，按照法國哲學家盧梭的觀點，人和動物最大的區別就是動物受本能支配一切，但是人類卻具有自由意志，可以按照自己的意願做出決定。自由和平等不是只有想到自己，還要同時關懷他人。

19 世紀具代表性的英國哲學家約翰・密爾（John S. Mill, 1806 － 1873）也捍衛個人自由，他認為自由是每個人都能依據自己的判斷，選擇自己想要的生活方式，並且認為人們只要不傷害他人，人人都享有最大程度的自由。

沒錯！每個人雖享有自由，但是如果只在乎自己，而不顧別人，那這樣的自由便需要受到限制。就像是個人有行動自由，但如果大家都在走廊奔跑，影響他人行走的安全，讓走廊失去原本的功能，那麼在走廊奔跑的自由就應該受到限制。

除了不能妨礙到別人的自由外，還有哪些原因可以限制人們的自由？

這個問題很簡單啊！為了社會大眾的健康就會限制人民的自由，像是 2020 年開始，新冠肺炎疫情帶給全世界前所未有的衝擊，許多國家紛紛實施封城（限制人民自由）進行數位監控（限制人民隱私權），或是以疫情原因壓抑人民發起的遊行示威活動（限制集會自由），臺灣當時還曾對高中以下學校師生實施全面禁止出國，可見人民的自由並非絕對不可限制。

還有哪些限制自由的原因？根據《憲法》第 23 條提到的「公益原則」，像是為了避免緊急危難、維持社會秩序或增進公共利益的必要，政府可以立法限制個人的自由，不過也不是符合原因就可以，還要通過比例原則和法律保留原則的檢驗。

公益原則	實例
防止妨礙他人自由	人民公然侮辱他人而導致他人名譽受到侵害時，國家得以對其動用刑罰權。
避免緊急危難	為了天災等緊急避難原因，政府可以強制居民遷離原本居住的地方。
維持社會秩序	人民於集會遊行時發生暴力失控行為，政府以強制力解散集會活動。
增進公共利益	為了興建高速公路，增進大眾的福祉，政府依法徵收人民的土地。

我同意在走廊奔跑可能會影響到大家的安全，不過如果是言論呢？如果我對某個種族有負面看法，對這個種族說出帶有歧視的話，那我可以主張這是我的言論自由嗎？

你會對這個種族說出歧視的話，可能是因為你不喜歡某些人，但當你說出「某種族真的是○○○」時，就是把整個種族貼上負面標籤，會傷害到這個種族，讓他們感覺受到貶抑。

我覺得每個人都無法選擇自己出身的家庭、族群、性別和階級，雖然大家對於世界上各種人事物有偏好、偏惡，但若因表現偏惡而讓一群人處於被傷害或壓迫的狀態，我認為就不能主張言論自由。

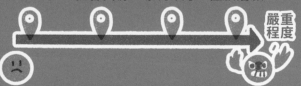

種族歧視的光譜

語言攻擊　拒絕提供社會資源　暴力攻擊　種族屠殺　嚴重程度

有些國家為了避免有人主張這種自由，而傷害到社會中的少數族群或多元性別人士，特別立法禁止族群歧視、管制仇恨言論，避免有心人士講出攻擊性或歧視羞辱性的言論，像是德國《刑法》早已將公開支持納粹、種族仇恨入罪；瑞士於 1995 年通過《反歧視法》，將種族、宗教歧視列入違法名單，也在 2020 年透過全民公投，將所有基於性傾向的歧視言論和行為都納入保障。

各國立法管制歧視性言論真的有用嗎？

一個國家會立法管制歧視性言論，代表他們社會的多數成員認同「歧視或仇恨言論並不能主張自由」，而透過法律限制主要是影響人們的外在行為，讓大家知道歧視言論違反法律的規定。

沒錯，法律確實控制不了人們的內在思想，但是法律通過後可以讓大家一起思考為什麼歧視別人應該受到禁止？歧視對人們帶來負面影響為何？如果大家希望整個社會可以和平共處，那麼歧視將無法達成這個目標。

我大概懂你們的意思，臺灣在 2004 年通過《性別平等教育法》，避免不同的性別受到偏見和歧視，老師教學也要具備性別意識，希望可以營造更友善的校園。而近年來學生也越來越重視性別平等，更能接納多元性別，逐漸減少性別不平等問題。

可以這樣說沒錯，法律的改變可以推進人們的思想改變，但是光是只有法律也不夠，還要透過各種管道，像是透過教育從小扎根或是持續進行社會倡議，都可以讓人們有反省和對話的機會。

關於要不要透過立法管制歧視性言論，各國還有爭議，因為許多人主張歧視的定義難以界定，因此大家還在「言論自由」和「消除歧視」的兩難中拉鋸。

無論法律有沒有介入規範，在自由的國度中，自由可以幫助我們自主行動和實現自我，自由就像呼吸空氣一樣自然。但是自由和傷害常在一線之隔，當有人濫用了自由而對他人帶來傷害，我認為這就不符合自由存在的意義與價值。

一定得支持他嗎？

輪到你探索囉！

Q1 在臺灣，每兩年就會進行一次大選。像是 2024 年舉辦總統和立法委員選舉，而 2026 年會舉辦地方首長和民意代表選舉。在選舉前，我們可以思考哪些事呢？

Q2 選舉前，你了解這回選舉的候選人嗎？請蒐集資料比較候選人的政見、過去表現和個人特質。你心目中理想的候選人需要具備哪些特質？哪些政見較能獲得你的青睞？

候選人	候選人 A	候選人 B	候選人 C
政見			
過去表現			
個人特質			
請勾選較獲得自己青睞的候選人			
請說明該候選人獲得青睞的原因			

聽聽大家怎麼說！

 選舉前可以思考哪些事？我覺得當然是看看政治人物的政見是不是我所關心的。選舉前，可以花一點時間閱讀議題資訊，像是閱讀選舉公報，也看看政見發表會。

 應該是平常就要關心吧！看這些政治人物的平日作為，哪些人有在認真做事、為民喉舌。除了關心時事，還能思考政治人物提出的政策是否合理？有沒有長遠性？還有政策的可行性也很重要。

 我覺得公民還可以注意選舉制度的影響，像是我們立法委員選舉的兩張選票，一張投給「政黨」會影響到全國不分區及僑選立委的名額，另外一張投給「候選人」則決定區域立委，每個選區只有第一高票才可以當選；如果是原住民身分，則是將全國分成「山地原住民」和「平地原住民」兩個選區，各選出三名當選者。

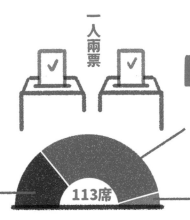

一人兩票

一票選黨

全國不分區及僑選立委 34 席／政黨得票率 5% 以上的政黨可依得票比例分配席次。

113席

一票選人

1. 區域立委 73 席／各選區選出一位最高票者當選。

2. 原住民立委 6 席／平地 3 席、山地 3 席，各選區最高票前三名者當選。

> 臺灣的立委選舉，是採用單一選區兩票制。

Q3 立委政黨票特別任務 臺灣從 2008 年開始實施「單一選區兩票制」，一票投給候選人，一票投給政黨。為什麼要有政黨票呢？你了解各政黨的理念和他們所提出的政黨名單嗎？

Q4 除了選舉，公民可以如何關心和參與政治活動？

Q5 民主國家一定比較好嗎？民主有哪些優缺點呢？

立法委員選舉制度採行這樣的設計有什麼特別的地方呢？

區域立委是採「單一選區相對多數決制」，候選人必須在各選區拿到最高票，當選人得到選區主流民意的認同，可以將地方上的想法帶入立法院。

不分區立委是採「比例代表制」，獲得 5% 以上的政黨票才可以分配席次。各政黨權衡各種利益後排出的不分區立委名單，可涵蓋各領域專業人士，當選人不必面臨選區壓力。

原住民立委是採「複數選區相對多數決制」，原住民族作為臺灣社會少數族群，藉由原住民立委席次來確保有足夠代表，能在立法院中為原住民族權益發聲。

區域立委

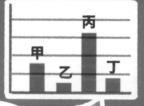

由最高票當選，沒有過半也沒關係。

不分區立委

總席次 10 席
黨得票率 20%，獲得 2 席。

政黨名單
1. 羅小利 2. 陳倩倩
3. 王大鈞 4. 張小柔
依順位，由前 2 名當選。

原住民立委

為了保障女性的參政權，不分區立委還有規定各政黨的當選名單中，女性比例不得少於二分之一。不分區立委的當選人中，女性當選比例也接近半數。

臺灣歷屆立法院女性國會議員比例逐年增加，2020 年的比例已提升至 41.6%。根據國際上的統計，臺灣是亞洲女性國會議員比例最高的國家。

歷屆立法院女性國會議員比例

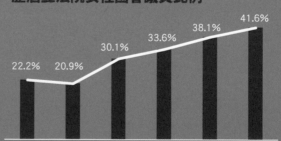

22.2%	20.9%	30.1%	33.6%	38.1%	41.6%
第 5 屆 2001 年	第 6 屆 2004 年	第 7 屆 2008 年	第 8 屆 2012 年	第 9 屆 2016 年	第 10 屆 2020 年

資料來源：中央選舉委員會網站

原來立委的選舉制度藏了這麼多細節！那這樣的選制有利於小黨嗎？

 你想想看，113 個立委席次中區域立委就占了 73 席，而且這些選區必須是第一高票的候選人才能勝出，你覺得是大黨較容易勝出，還是小黨和無黨候選人呢？

 獲得第一高票應該需要更多資源、經費，還有高知名度⋯⋯答案是大黨嗎？

 沒錯！臺灣從 2008 年起採用這種選制，就讓立法院趨向兩大政黨抗衡的局面，小黨雖然也有當選少數席次，但發揮空間仍然有限。

 英國下議院選舉也是採用這種選制（單一選區相對多數決制），只要某個政黨可以獲得國會過半席次就可取得執政權，而他們的政黨生態一樣傾向於兩大黨競爭。

 這種選制最為人所詬病的就是選票無法有效反映民意，因為各選區只有第一名才可當選，如果某個政黨在各選區推派的候選人剛好是第二高票，即便得票率很高，仍舊無法當選。

 立委選舉的另一張「政黨票」是採用比例代表制分配席次，較有利於小黨。假設小黨在各選區都有 10% 的選民支持，在區域立委選舉仍不敵大黨接近 50% 的得票率，但如果政黨票開出 10%，小黨就可以一起分配這 34 席的不分區立委。

選民在投票前可以看看各政黨推出來的名單，有沒有推出最專業、具有多元代表性的人才。世界上許多國家是以比例代表制選出全數國會議員，像是荷蘭、比利時、瑞典皆採用此制度，小黨也較有可能當選進入國會。

話是這麼說沒錯，雖然比例代表制的選制有利小黨，但是臺灣歷年來還是由兩大黨獲得多數席次耶！

不分區及僑選立委歷年分配席次概況（2008～2020 年）

	中國國民黨	民主進步黨	臺灣團結聯盟	親民黨	時代力量	臺灣民眾黨	總計
2008 年	20	14	0	—	—	—	
2012 年	16	13	3	2	—	—	34 席
2016 年	11	18	0	3	2	—	
2020 年	13	13	0	0	3	5	

以「—」表示政黨在該選舉年度並未參與不分區及僑選立委之政黨票，或是該政黨當時尚未成立。
表格整理自中央選舉委員會歷屆公職選舉資料。

看來小黨要達到 5% 得票率似乎有點難，選民會不會因此把票轉投給大黨？

有些選民確實會有這種想法，導致小黨競爭更困難。可是政黨得票的百分比就算沒有達到 5%，對小黨來說還是有實質幫助喔！

依據法律規定，得票率超過 3% 即可得到「每年」每票 50 元的政黨補助款；超過 2%，下次選舉可以直接提名不分區名單，不用先提出 10 名區域立委和繳交 200 萬保證金；超過 1% 的話，獲得政治獻金可以抵稅。

政黨票門檻示意圖

得票率 1%

政治獻金捐款人可抵稅。

得票率 2%

下屆不需提名 10 席區域立委，就可直接提出不分區名單。

得票率 3%

接下來 4 年，每年都可以得到每 1 票 50 元的政黨補助款。

得票率 5%

取得 2 席立委席次，平均 2.5% 就有 1 席。

在民主社會中，傾向兩黨制的國家討論事情固然有效率，但是候選人常關注主流民意的聲音，可能忽視少數意見。代表多元聲音的小黨，若能有更多發展和當選的可能性，我認為民主社會的體質會更健康。

荷蘭「愛護動物黨」 (Partij voor de Dieren, PvdD)

荷蘭「愛護動物黨」是世界上第一個完全以動物權益為核心的政黨，專替不會說話、沒有投票權的生命發聲。由關心地球上所有動物權益和環境永續的人們所組成，在荷蘭也有議員當選進入國會。

在愛護動物黨的積極推動下，荷蘭制定了堪稱全歐洲最嚴格的動物保護法，虐待動物將面臨刑事責任，也催生了「動保警察」制度，專責處理動物案件。

德國「政黨」的全名叫做「勞動、法治國家、保護動物、支持菁英以及基礎民主倡議政黨」（Partei für Arbeit, Rechtsstaat, Tierschutz, Elitenförderung und basisdemokratische Initiative），他們在社群媒體上擁有數十萬粉絲，成立的目的是為了嘲諷政治，因而吸引了許多對政治不滿或冷感的民眾注意。

「政黨」提出許多帶有嘲諷意味的政見，像是一方面表態支持菁英，但又主張「即日起所有大學學生在國家全額資助下，安心的念 15 個學期書，培養對政治以及社會的興趣；15 個學期後再把他們送去生產線工作。」藉此諷刺當今大學教育制度的意義與價值。

德國「政黨」（Die PARTEI)

Die PARTEI

瑞典「海盜黨」 (Swedish Pirate Party)

由於不滿網路上許多東西因版權問題被禁止下載，一群瑞典的年輕人創立了「海盜黨」，其名稱是取自瑞典民間反版權組織「海盜署」（Piratbyrån），以及由海盜署所成立的「海盜灣」（The Pirate Bay）。他們主張改革版權法、廢除專利制度和尊重隱私，希望能訴求下載無罪的資訊分享自由。

海盜黨的理念在許多國家獲得認同，世界上有超過 40 個國家成立海盜黨，曾在各國地方議會獲得當選席次。

日本「無支持政黨」 (支持政党なし)

日本「無支持政黨」的黨員僅 10 人，他們對政見的主張是「沒有政見」，候選人的海報也不呈現名字和照片。他們認為現今科技發達，每個法案都應張貼在網路上讓選民發表正反意見，實現直接民主制。

日本規定選民投票時要在選票寫上自己想投政黨的名稱，有些沒政黨傾向的民眾就會寫上「無支持」，因而導致「無支持政黨」在 2016 年日本下議院選舉獲得了六十多萬張政黨票。

支持政党
なし

公民除了選舉之外，還可以怎麼關心政治呢？

公民平常可以看新聞、透過媒體投書或上網連署等方式表達意見，像政府設有「公共政策網路參與平臺」，能讓一般民眾提案、附議；當附議的公民到達一定人數，政府就要作出回應。

像之前就有人主張國高中延後上學時間，後來也讓教育部改變早自習相關規定，真的產生影響力。

公共政策網路
參與平臺

身為未來公民的我們可以練習扮演反對黨的角色，對於政治人物提出的政策或想法保持懷疑的態度，但也不是為了反對而反對，學習思考、論述和反思是很重要的。

那我有個問題，民主國家可以投票，還可以影響政府的政策，就一定比較好嗎？

有些國家一開始支持民主制度，因為他們相信「民主＝發展」，但是國內政治動盪、人民生活難以溫飽，他們決定重返威權政府。近年來確實有威權國家成長的趨勢，這個現象被稱為「民主衰退」（democratic recession）。

我同意民主不一定會讓大家生活得更好，但民主可以讓我們一起公開討論政府政策，不用擔心生命安危。前英國首相邱吉爾曾說過：「民主並不是什麼好東西，但它是我們迄今為止所能找到最好的一種制度。」

社會在走，法律觀念要有！

案例一

新聞標題寫一條命只罰他一萬元，這是真的嗎？

交保不是指這個意思吧！

輪到你探索囉！

Q1 新聞標題提到「50 條人命僅 50 萬元交保」，真的代表 1 條命賠 1 萬嗎？交保的目的是什麼？

案例二

怎麼每次都不交作業，上課又一直滑手機？

管東管西的老巫婆，每次上課只會針對我，真是有夠煩的！

小翔

你對老師人身攻擊會有法律責任。

我又沒有指名道姓。

就算沒有指名道姓，也可能構成妨害名譽。

輪到你探索囉！　　**Q2** 小翔在社群平臺發限動罵老師，認為只要沒有指名道姓，就不會構成妨害名譽罪。他的法律觀念是對的嗎？

案例三

輪到你探索囉!

Q3 知名網紅喊出:「我要保留法律追訴權!」會產生法律效果嗎?

案例四

輪到你探索囉!

Q4 警察在缺乏相關證據的情況下,便認定有前科的阿良是竊盜案的嫌疑犯,這樣做是否違反法律原則?

Q1

「1 命賠 1 萬」常是來自媒體下的聳動標題，才讓民眾誤以為「交保後就沒事」，導致民眾和司法的距離越來越遠。

事實上，交保是指在犯罪調查期間，法官認為犯罪嫌疑人可以暫獲釋放，但必須交付一定額度的保證金，以確保之後的刑事追訴、審判和執行都能順利進行。只要犯罪嫌疑人不亂跑，能乖乖配合法院，這筆錢日後會歸還給他；如果不好好配合，就會被沒收。

法院裁定交保後，通常還會一起裁定「限制住居」、「限制出境、出海」等，交保期間要定期去家裡附近的派出所報到，確保沒有亂跑。

那為什麼不把嫌疑犯關起來？這個階段的「關起來」叫做「羈押」，它是一種在刑事被告受有罪判決確定前，限制其人身自由的強制處分。羈押的要件是要同時衡量「犯罪嫌疑重大」、「法定羈押事由」及「羈押必要」。如果沒有符合上述要件，法官可以裁定犯罪嫌疑人交保。

最重要的是，羈押不代表「有罪」、交保也不代表「無罪」，更不是所謂的「花錢買自由」，而是要乖乖配合國家調查與追訴犯罪。這個犯罪嫌疑人究竟有罪無罪，還要看後續判決。以後看到新聞標題時別再被誤導了！

Q2

在社群平臺發限動罵某老師，只要沒有指名道姓都不會構成妨害名譽罪嗎？根據《刑法》規定，只要符合「公然」、「侮辱」和「人」等要件，就可能成立公然侮辱罪。

1. 公然：侮辱的地方或場所，會讓多數人或是不特定人有可能看見或聽見侮辱即符合「公然」。小翔發限時動態罵老師，許多追蹤他的朋友都會看到，已符合「公然」這項要件。

2. 侮辱：指不涉及敘述事實的言語謾罵、動作或文字圖畫，常見的「王八蛋」和「神經病」都曾被法院判決認為是侮辱的字眼，小翔在限時動態中寫到的「老巫婆」，也曾被判決有罪。

3. 人：侮辱的對象必須要是一般的「自然人」，或是依法律規定成立的公司、機關團體等「法人」。公開場合看到或聽到的人，能清楚知道你罵的對象是誰，即便沒指名道姓，還是有可能會觸犯公然侮辱罪。

不過，對於他人的侮辱謾罵，是否應該由國家以刑罰來遏止，一直以來都有不同聲音。但在法律還沒改變以前，請別為了逞口舌之快而得不償失。

Q3

「保留法律追訴權」確實是許多企業和公眾人物權利受損時，最常公開講的一句話。不過，「法律追訴權」較正確的說法叫做「犯罪追訴權」，是指國家針對刑事犯罪，依照《刑事訴訟法》訴追犯罪的權力。當檢察官偵查結束後，認為被調查的當事人確實做了某種犯罪行為，檢察官便會行使這個權力，向法院提起訴訟。

所以，能行使犯罪追訴權的人是檢察官，不是一般民眾。當有人喊出「我要保留法律追訴權」，其實只是想表達「小心我告你喔！」，也許是想要嚇唬人，但卻不能發揮保留權利的效果。

追訴權只會停止進行或消滅，無法保留也不能放棄。我國《刑法》明定了各種情況的追訴期，例如犯最重本刑為 3 年以上 10 年未滿有期徒刑之罪，20 年內未起訴的話，追訴權便會消滅。以後遇到類似情境時，一句話就可以辨別說話的人有沒有正確的法律觀念。

Q4

阿良剛好有前科、剛好在附近，而被警方認定是竊盜案的嫌疑犯，如果後續法院也以這些「剛好」而判決阿良有罪，即違反無罪推定原則。

「無罪推定原則」是指任何人在被判決有罪確定之前，我們必須推定他是無罪的。也就是說，被告不需要證明自己的清白，而檢察官必須負起證明被告有罪的責任。

那什麼是「有罪推定」？就如案例四，當警方已預設犯罪者就是有前科的阿良，容易導致未審先判。在沒有足夠的調查下，認定一個人有罪，很可能會造成冤案，反而讓真正的犯罪者逍遙法外。

採行無罪推定原則，是為了保障被告的人權，也是法治國家保障司法人權的根本。按照此原則，必須由檢警到犯罪現場調閱監視器畫面、找到更多人證、蒐集足夠證據後，證明阿良真的有實施犯罪行為，如此也才是司法正義的重要實踐。

前面的四則案例都是常見的法律迷思或錯誤觀念。事實上，法律是民主法治社會中維護秩序的最低標準，身為未來公民的我們，需要「知法」和「守法」，多了解日常生活的法律規範，能幫助我們維護自身權益，而我們也要遵守法律規範，促使社會能夠順利運作。

公民職責：永續未來 Let's Go!

除了前面討論的平等、自由、民主、法治，最終公民的願景是走向與所有人、所有生物邁向永續。永續的意義是什麼呢？又有哪些內容？一起來討論看看吧。

輪到你探索囉！

Q1 你知道聯合國的永續發展目標（Sustainable Development Goals, SDGs）是什麼？所謂的永續發展包含哪三大面向？

Q2 為什麼聯合國永續發展目標（SDGs）是重要的？

Q3 原來日常生活中的消費也可以落實永續發展目標（SDGs），那是落實哪一項目標呢？

Q4 想想看還有哪些減少食物浪費、減少一次性製品的作法？幫自己和家人做一個落實永續消費的行動計畫，並以兩週為期進行前後比較，記錄實踐之後帶來的改變吧！

作法	改變前：第一週		改變後：第二週	
食物浪費	廚餘量		廚餘量	
	過期食物量		過期食物量	
一次性製品	碗		碗	
	筷		筷	
	手搖杯		手搖杯	
	吸管		吸管	
	塑膠袋		塑膠袋	

※ 由於衣物購買週期常為數週或數月，因此未列入此表內。

聯合國永續發展目標（SDGs）共有 17 項目標：

 01 消除貧窮
 02 消除飢餓
 03 良好健康和福祉
 04 優質教育
 05 性別平等
 06 潔淨水與衛生
 07 可負擔的潔濾源
 08 尊嚴就業與經濟發展
 09 產業創新與基礎設施

 10 減少不平等
 11 永續城市與社區
 12 負責任的消費與生產
  13 氣候行動
 14 水下生命
 15 陸域生命
 16 和平正義與有力的制度
 17 夥伴關係

聽聽大家怎麼說！

聯合國永續發展第 12 項目標是「負責任的消費與生產」，日常生活就做得到。像是訂購外食的餐點可以適量、叫外送可以選擇不拿免洗餐具。

或者平常到外面用餐時自備環保餐具，一年下來能減少相當可觀的資源浪費喔！

我還想到一個既永續又省荷包的方式！

現在越來越多商店推出即期品打折的活動，即期品放在貨架上原本乏人問津，但到了傍晚就會打折促銷，我們買它不僅可以減少食物浪費，也可以用更划算的價格購買喔！

我們可以用消費決定生產者怎麼生產！如果我們購買產品重視減塑，廠商的包裝就會越來越少；如果我們重視蛋雞的飼養方式有沒有符合有友善飼養，就會有越來越多養雞場讓蛋雞們更健康的長大，我們也可以吃到健康的雞蛋！

你說的沒錯！我們以前買東西總是以為「價格」最重要，但如果用低廉卻不健康的方式飼養蛋雞、牛和豬等經濟動物，雖然花費較少，不過養出來的動物可能不健康，人吃這些動物的肉時也會影響健康，付上難以計量的「代價」。

再來，那些買了卻沒穿的衣服，來自於「衣櫃裡總是少一件衣服」的心態，但其實是自己的購物欲停不下來。

購買前想清楚究竟是「想要」還是「需要」？真的有「必要」買它嗎？

可是，我覺得很多衣服很好看，服飾品牌推出產品的速度又很快，我怕沒有穿到會跟不上流行。誰抗拒得了新衣服的魅力呢？

「快時尚」（Fast Fashion）就是又快又新又便宜，才會這麼吸引人。但也因為這樣，人們常常會有「丟了也不心疼」的心態。然而，便宜的代價是什麼？會壓低勞工薪資、製造環境汙染、製造大量垃圾，為人類社會帶來負面影響。。

根據非政府組織的推估，臺灣的消費者每年丟棄的衣服高達 520 萬件，等於每分鐘有 9.9 件衣服被丟棄。

150

有些服飾品牌為了符合永續，最近也有在做舊衣回收活動，或是用友善環境的方式生產衣服，這樣做是不是可以改善一些問題呢？

我有注意到很多企業開始這樣做，可是實際上回收衣服的數量與它生產的數量不成比例。這些品牌生產的量很大，回收的量卻少之又少，幫助不大。

我覺得從消費著手還是最重要，我們可以定期整理衣櫃，看看有什麼好看的衣服，認真穿上它並賦予它新的生命。再來，如果有狀態還不錯的衣服，可以送給親友或有需要的機構。現在也有很多二手衣和租衣平臺可以交流，「以租代買」也是永續消費的好方法！

剛剛聊了第 12 項目標，但別忘了聯合國永續發展目標共有 17 項目標（Goals）和 169 項具體目標（Targets），不是只有環保而已。

聯合國認為永續發展應以人為出發點，追求現有最大福祉，並且需要顧及後代的福祉，在發展過程中兼顧生態環境和社會公平。

永續發展目標涵蓋了「經濟成長」、「社會進步」和「環境保護」三大面向，三個面向既獨立，又有部分相關聯。像是第 12 項目標就是同時牽涉到經濟成長和環境保護，努力實踐可以達成兩者間的平衡。

那大家比較重視哪個面向的永續發展呢？

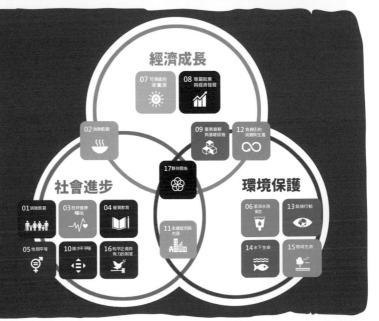

資料來源：Impact Hub Taipei

我最重視社會進步，尤其是第 5 項目標「性別平等」。

一直以來各國的性別不平等始終存在，像是許多國家的女童面臨「童婚」風險、女性遭遇伴侶的身體或性暴力，還有職場上的性別歧視等。

05 性別平等

我從小就喜歡海洋，最關注環境保護面向的第 14 項目標「水下生命」。

根據聯合國統計，海洋酸度不斷上升，威脅海洋生物的生命；過度捕撈也導致魚類數量下降，嚴重衝擊到海洋生物的多樣性。這個問題需要大家一起努力改善！

14 水下生命

我最關心經濟成長面向的第 7 項目標「可負擔的潔淨能源」。聯合國報告中有提到世界上有 8.4 億人無電可用，而且他們絕大多數都生活在偏鄉，這是一個相當嚴重的問題。

07 可負擔的潔淨能源

還有，能源是維持經濟穩定發展的基礎，但是全球的永續性能源還是不足，我們要多支持太陽能、風力和水力發電的發展，不僅保護環境也能促進經濟轉型。

無論大家關注哪一個面向，我覺得以下這段話可以解釋永續發展目標希望建構的世界：

「為了我們共同生活的環境（Planet）
人們（People）成為夥伴（Partnership）
努力達成和平（Peace）及繁榮（Prosperity）的社會。」

對於 SDGs 有初步認識後，今天起就開始行動吧！

◖◗ 少年知識家

小大人的公民素養課

作者｜周維毅、蔡禎恩
繪者｜Asta Wu
審訂｜張振榮 雲林縣立斗南高中歷史科教師（審訂範圍：第一章）

責任編輯｜張玉蓉
美術設計｜陳宛昀
行銷企劃｜李佳樺

天下雜誌群創創辦人｜殷允芃
董事長兼執行長｜何琦瑜
媒體暨產品事業群
總經理｜游玉雪
副總經理｜林彥傑
總編輯｜林欣靜
行銷總監｜林育菁
版權主任｜何晨瑋、黃微真

出版者｜親子天下股份有限公司
地址｜臺北市104建國北路一段96號4樓
電話｜（02）2509-2800 傳真｜（02）2509-2462
網址｜www.parenting.com.tw
讀者服務專線｜（02）2662-0332 週一～週五：09:00-17:30
讀者服務傳真｜（02）2662-6048
客服信箱｜parenting@cw.com.tw
法律顧問｜台英國際商務法律事務所‧羅明通律師
製版印刷｜中原造影股份有限公司
總經銷｜大和圖書有限公司 電話：（02）8990-2588

出版日期｜2023年12月第一版第一次印行
定 價｜600元
書 號｜BKKKC254P
I S B N｜978-626-305-605-3（精裝）

訂購服務 ─────────────────────────
親子天下Shopping｜shopping.parenting.com.tw
海外‧大量訂購｜parenting@cw.com.tw
書香花園｜臺北市建國北路二段6巷11號 電話（02）2506-1635
劃撥帳號｜50331356親子天下股份有限公司

國家圖書館出版品預行編目資料

小大人的公民素養課/周維毅，蔡禎恩
文；Asta Wu圖. -- 第一版. -- 臺北市：
親子天下股份有限公司, 2023.11
152面；21.5 x 25.4公分
ISBN 978-626-305-605-3(精裝)
1.CST: 公民教育

528.3   112016119

立即購買 >